新时代思想政治理论课实践教学研究

刘燕　肖丽　史絮◎著

北京燕山出版社

BEIJING YANSHAN PRESS

图书在版编目（CIP）数据

新时代思想政治理论课实践教学研究 / 刘燕，肖丽，
史絮著.—北京 ：北京燕山出版社，2024.6
ISBN 978-7-5402-7262-3

Ⅰ．①新… Ⅱ．①刘… ②肖… ③史… Ⅲ．①高等学
校－思想政治教育－教学研究－中国 Ⅳ．①G641

中国国家版本馆 CIP 数据核字(2024)第 077206 号

新时代思想政治理论课实践教学研究

作　　者　刘　燕　肖　丽　史　絮
责任编辑　李　涛
出版发行　北京燕山出版社有限公司
社　　址　北京市西城区椿树街道琉璃厂西街20号
电　　话　010-65240430
邮　　编　100052
印　　刷　北京四海锦诚印刷技术有限公司
开　　本　710mm×1000mm　1/16
字　　数　203千字
印　　张　12.5
版　　次　2025 年 1 月第 1 版
印　　次　2025 年 1 月第 1 次印刷
定　　价　78.00 元

作者简介

　　刘燕，女，1988年7月出生，重庆渝北人，注册社会工作师，青少年劳动教育项目开发与实施职业技能等级证书培训师及考评员。2011年毕业于重庆师范大学，获法学学士学位；2013年毕业于西南大学，获社会工作硕士学位。现任重庆青年职业技术学院马克思主义学院专职教师，主要从事青少年问题、青少年思想政治教育研究。主持或主研多项省部级思想政治教育方向、社会工作方向的研究项目，并发表多篇相关论文。

　　肖丽，女，中共党员，1990年3月出生，山西长治人，现为华东师范大学马克思主义学院党的建设专业博士研究生，研究方向为党的建设思想及理论创新、思想政治教育等。目前已发表多篇被知网收录的高质量学术论文。

　　史絮，女，1993年6月出生，延安人，中共党员，北京理工大学马克思主义学院博士研究生、延安大学政法与公共管理学院青年教师，研究方向：马克思主义中国化、思想政治教育。入选北京市教工委"北京高校学习宣传党的十九届六中全会精神师生宣讲团"、延安市"干部教育培训师资库"。

前　言

新时代思想政治理论课实践教学研究是当前高等教育的重点。在这一领域，教育者致力于将抽象的理论知识与具体的社会实践相结合，以培养学生的思想政治素养和实践能力。实践教学不仅能够使学生更深入地理解理论知识，还能够培养他们的创新能力和问题解决能力。通过参与实践项目，学生不仅能够面对各种挑战和问题，锻炼自己的思维能力，还能够增强对理论知识的认同和理解。同时，实践教学还有助于促进师生之间的互动与交流，激发学生的学习兴趣，使教学过程更加生动和富有成效。新时代思想政治理论课实践教学的研究与实践是教育改革的重要方向之一，也是培养高素质人才的关键环节。

本书围绕新时代思想政治理论课实践教学展开研究，从新时代思想政治教育的目标与任务、新时代思想政治理论课的科学定位及其改革创新入手，分别讨论了新时代思想政治理论课的教学内容、新时代思想政治理论课的教学方法、新时代思想政治理论课的教学模式、新时代思想政治理论课的教学过程，并总结性地探讨新时代思想政治理论课的实践教学。本书时代性强，内容丰富，对从事思想政治教育教学和研究相关内容的人员具有参考价值，并且具有一定的出版意义。

本书旨在通过实践活动，使学生在实践中学习、在实践中提高，最终实现素质教育的目标。这不仅需要教育者加强理论研究和实践探索，更需要教师与学生共同努力，共同推进思想政治教育事业的发展。

本书在写作的过程中得到许多专家学者的指导和帮助，在此表示诚挚的谢意。书中所涉及的内容难免有疏漏与不够严谨之处，希望读者和专家能够积极批评指正，以待进一步修改。

目　录

第一章　新时代思想政治教育与理论课分析 …………………………… 1

　　第一节　新时代思想政治教育的目标与任务 ………………… 1

　　第二节　新时代思想政治理论课的性质与地位 ……………… 11

　　第三节　新时代思想政治理论课的价值与原则 ……………… 19

第二章　新时代思想政治理论课的教学内容 ………………………… 35

　　第一节　思想政治理论课中的中国梦教育 …………………… 35

　　第二节　思想政治理论课中的"四个自信"教育 …………… 38

　　第三节　社会主义核心价值观教育 …………………………… 46

　　第四节　中国特色社会主义制度认同教育 …………………… 55

第三章　新时代思想政治理论课的教学方法 ………………………… 67

　　第一节　思想政治教学方法的内涵与特点 …………………… 67

　　第二节　思想政治理论课的课堂教学方法 …………………… 71

　　第三节　思想政治理论课的实践教学方法 …………………… 80

　　第四节　思想政治理论课教学方法的创新 …………………… 83

第四章　新时代思想政治理论课的教学模式 ………………………… 105

　　第一节　思想政治理论课中的慕课教学模式 ………………… 105

　　第二节　思想政治理论课中的微课教学模式 ………………… 114

　　第三节　思想政治理论课中的翻转课堂教学模式 …………… 128

第五章　新时代思想政治理论课的教学过程 ………………… 141

第一节　思想政治理论课教学过程的内涵 ………………… 141

第二节　思想政治理论课教学过程的要素 ………………… 147

第三节　思想政治理论课教学过程的运行 ………………… 149

第六章　新时代思想政治理论课的实践教学 ………………… 156

第一节　思想政治理论课实践教学的理论基础 …………… 156

第二节　思想政治理论课实践教学的基本类型 …………… 162

第三节　思想政治理论课实践教学的保障机制 …………… 169

第四节　思想政治理论课实践教学的创新发展 …………… 174

参考文献 ……………………………………………………… 189

第一章　新时代思想政治教育与理论课分析

第一节　新时代思想政治教育的目标与任务

一、新时代思想政治教育的目标

思想政治教育目标是指通过思想政治教育活动所要达成的效果、预期境界或标准。思想政治教育目标是对思想政治教育活动预期结果的主观设想，是在人们头脑中形成的一种主观意识，是思想政治教育活动的预期目的，为思想政治教育活动指明方向。在两个层面上达到预期效果：个人层面上，实现每位中华儿女对社会主义核心价值观的知行合一；国家层面上，实现全中国人民对中国梦的同心共筑。

（一）中华儿女对社会主义核心价值观的知行合一

每个时代、每个国家都需要一个共同的核心价值观和价值取向，以凝聚社会各方面力量为之奋斗。社会主义核心价值观以我国优秀传统文化为基石，引领人民追求高尚品德，为坚定四个自信提供有力支撑。因此，中华儿女在认同、内化社会主义核心价值观的过程中，更重要的是能够将社会主义核心价值观运用到生活的方方面面，积极践行社会主义核心价值观，为实现中国梦提供共同的价值导引。

1. 对中华优秀传统文化的传承升华

社会主义核心价值观的产生既有深刻的渊源，又反映了现实社会的诉求。社会主义核心价值观不仅是对我国优秀传统文化的传承，更重要的是在传承过程中赋予其新时代的意义，从而使社会主义核心价值观不仅能够契合中华优秀传统文化理念，更能起到引领时代发展的作用，为中华儿女凝心聚力共同奋斗提供了思想基础。

（1）社会主义核心价值观是对中华优秀传统文化的传承。唯物史观认为，社会意识对社会存在具有反作用，先进的社会意识可以准确预见社会发展的方向和趋势，对社会发展起积极推动作用。社会核心价值观作为社会意识中的精髓，决定着社会意识的本质属性与发展方向，决定着其凝聚力与感召力，只有在核心价值观的引领下，一个国家、一个民族才能紧紧地团结在一起。中华优秀传统文化是中华文明史积淀的精华，如果没有中华优秀传统文化的不断滋养，就不可能有当代中国的繁荣与昌盛。

社会主义核心价值观必须根植于中华优秀传统文化之中，否则，就会成为无源之水、无本之木。一个民族、一个国家的核心价值观必须与其历史文化、人民正在进行的奋斗和需要解决的时代问题相结合。中华优秀传统文化是社会主义核心价值观的源泉与基石，它已经成为中华民族的基因，植根在中国人内心，潜移默化影响着中国人的思想方式和行为方式。社会主义核心价值观是中华优秀传统文化与现代化建设相结合形成的价值精神，有利于增强全社会的凝聚力，为实现中华儿女对社会主义核心价值观的知行合一奠定了基础。

（2）社会主义核心价值观是对中华优秀传统文化的升华。社会主义核心价值观以中华优秀传统文化为源泉，但并不是简单的墨守成规，而是遵循唯物史观，结合我国当前实际，为中华优秀传统文化注入时代内涵，达到古为今用的效果。

社会主义核心价值观继承的是我国传统文化中优秀的部分。对待传统文化，要坚持辩证的态度，既不能一概否定，也不能盲目延续，必须结合中国特色社会主义建设事业的当今实践，实现优秀传统文化与当前社会实际共通共融，使其重新焕发出活力。

总之，一方面，社会主义核心价值观是对我国优秀传统文化的传承；另一方面，社会主义核心价值观被赋予了新时代的价值内涵，也是对中华优秀传统文化的升华。

2. 追求高尚道德的价值引领

当前，中国社会正处在一个利益分化的政治时代，社会各阶层的利益差别有扩大的趋势，无论个体还是集体在价值观的树立和践行中都不同程度地存在一些消极因素，若这些问题得不到解决，将影响我国改革发展稳定的大局。这就需要弘扬社会主义核心价值观，凝魂聚气，引导人们追求高尚的道德理想，不断夯实中国特色社会主义的思想道德基础。

（1）社会主义核心价值观能够引领中华儿女对爱国的追求。爱国是每位公民应当遵循的最基本的道德准则，是高尚道德情操中的主旋律。中华民族从古至今恪守爱国主义道德准则，满怀爱国主义深情，践行爱国主义之事。中华民族的爱国情怀源远流长，从未停歇。社会主义核心价值观中的爱国，除了蕴含着传统的爱国情怀外，还包含着自觉维护祖国统一、促进民族团结与平等的价值观念，自觉拥护党的纲领与政策、拥护中国特色社会主义制度的价值引领，自觉将个人利益服从于集体利益，积极投身到实现中国梦的伟大实践中去的价值取向。

（2）社会主义核心价值观能够引领中华儿女对敬业的追求。社会主义核心价值观中的敬业，依据中国特色社会主义建设实际赋予了时代意蕴。所倡导的敬业，是要人民群众在工作中培养主人翁精神，实现个人价值与集体价值的统一，在自己平凡的岗位上奉献出青春与热血，贡献出自己平凡却不平庸的力量，从而引领中华儿女对敬业的追求。

（3）社会主义核心价值观能够引领中华儿女对诚信的追求。诚信是中国人从古至今做人谋事最基本的道德准则。提高个人诚信修养水平，不仅是对中华优秀传统文化的继承，也是新时代个人精神价值实现的必由路径。社会主义核心价值观中的诚信，不再局限于道德修养层面，而是已经上升到现代道德建设、法律制度层面上的准则、规范，更是一种职业精神。每一个人都要自觉树立诚信意识，培养诚信价值观，让诚信成为人生信条，不断提升自己的文化及文明程度，更好地做社会主义核心价值观的弘扬者和践行者。

（4）社会主义核心价值观能够引领中华儿女对友善的追求。中国自古以来就是爱好和平的国家，睦邻友好是我们的传统，崇尚友善是我们的理念。社会主义核心价值观中的友善既是对中华优秀传统文化的继承，又为友善赋予了新的时代含义；既有利于引导人们完善自我品德，提高公民道德水平，又能维持社会秩序，优化社会关系。

第一，友善是个人美好的品质，是公民重要的道德。友善源于人们内心的爱，是人们对善的价值追求，能够在获取自我利益时自觉地考虑他人利益，但这并不代表友善是毫无原则的，友善是促进友善主客体之间形成良性互动、互帮互助模式，塑造个人品德的重要内容。

第二，友善是人们的价值憧憬。友善作为一种自我修养，能够促进社会和谐，能够团结社会成员，维护社会成员的互相协作关心，凝聚社会力量。

第三，友善能够促进社会互信机制的形成。友善能够促使人们以善意的眼光、友好的心态与人相处，减少人与人之间的相互猜疑，消弭社会群体的歧视心态，在社会中传递平等互助的爱。

友善作为一种价值观能够引导人们在复杂的社会环境里找到朴素真诚的情感，有利于培养有爱、有情、有义的道德，引领中华儿女对友善的追求，形成积极向上的共同价值观。

3. 坚定四个自信的支撑

社会主义核心价值观既是对中国特色社会主义伟大实践的精神总结，又是对世界先进文明成果的有益借鉴，更是对中华优秀传统文化的继承和超越。当前社会思潮复杂多样，主流意识形态话语面临挑战，亟须巩固社会主义核心价值观的主导地位，凝聚社会共识，让社会主义核心价值观深入人心，从而不断增强中国特色社会主义的道路自信、理论自信、制度自信、文化自信。

（1）社会主义核心价值观能够坚定道路自信。中国特色社会主义道路，是近代以来中国人民追求民族独立解放和国家富强的必然选择。通过全面认识自己、认识对手，增强自觉、自信、自为的能力，认识到中国特色社会主义道路是实现社会主义现代化、创造人民美好生活的必由之路，从而坚定道路自信。

（2）社会主义核心价值观能够坚定理论自信。社会主义核心价值观凝聚了国家、社会和个人的精神追求，揭示了中国特色社会主义理论的本质和理论特色，也为人民群众的理论自信奠定了坚实的思想基础。通过培育和践行社会主义核心价值观，让人民群众深刻认识到中国特色社会主义理论体系是指导党和人民实现中华民族伟大复兴的正确理论。必须高度重视理论的作用，增强理论自信和战略定力，对经过反复实践和比较得出的正确理论，要坚定不移坚持，使人民群众全方位、多层次地了解新时代中国特色社会主义思想的产生背景、形成基础、理论特质、范畴体系及当代价值等，从而坚定理论自信。

（3）社会主义核心价值观能够坚定制度自信。中国共产党对改革开放中形成的经验进行科学总结和提炼，初步形成了一整套系统完备、科学规范、运行有效的中国特色社会主义制度体系。中国的历史和现实启示我们一定要坚定制度自信，因为没有坚定的制度自信就不可能有全面深化改革的勇气，同时，离开不断改革，制度自信也不可能彻底和久远。因此，必须始终坚持制度自信，这也是推动社会发展和引领民族复兴的根本保障。

（4）社会主义核心价值观能够坚定文化自信。中华优秀传统文化为社会主义核心价值观的孕育提供丰富的思想资源。中国共产党成立以来，汲取了中华优秀传统文化的养分，结合中国革命、建设和改革的实际，形成了富有中国特色和时代特色的中国精神。这些精神既融合了中华优秀传统文化的精髓，又深刻展示了新时代的文化面貌。

经济全球化进程加快，既促进了全球经济快速发展，也推动了世界各国文化的碰撞。我们必须采取一定的举措，夯实文化自信的基础。而社会主义核心价值观是对优秀传统文化的传承与升华，又融合了现代中国社会的特征和精神，充分显示了我们党和国家的文化自信。文化自信是一个国家、一个民族、一个政党对自身文化价值的肯定以对自身文化未来发展的坚定信心。为此，必须用能够将全国人民的情感认同、信仰和价值观统一起来的社会主义核心价值观，教育领导干部和人民群众。只有加强社会主义核心价值观教育，才能使人们认识到中国特色社会主义文化是激励全党全国各族人民奋勇前进的强大精神力量，才能不断坚定中国特色社会主义文化自信，为实现中华民族的伟大复兴提供精神指引与价值导向。

（二）实现中华民族复兴的中国梦

"实现中华民族伟大复兴的中国梦论述融入高校思政课教学理论的落地，应当注重以信铸魂，创新形式载体，即做到理论信仰与现实信仰相通，使核心要义具象化；文化自信与历史自信结合，使教学内容丰富化。"[①]

1. 中华儿女的共同夙愿

始终坚持全心全意为人民服务的中国共产党，正视人民群众的力量，担当起

---

① 石红梅，杜辉. 习近平关于实现中华民族伟大复兴的中国梦论述融入高校思政课教学的思考[J]. 福建教育，2023（48）：28.

领导中华儿女实现中国梦的责任。

社会主义改造与建设时期中华儿女对中国梦的探索。中华人民共和国成立后，为实现国家富强和人民富裕的中国梦，中国共产党在继续完成民主革命遗留任务的同时，开始着手进行社会主义改造。社会主义改造的胜利，为实现国家富强、人民富裕的中国梦奠定了初步基础。三大改造的完成，意味着我国进入了社会主义初级阶段，开始全面建设社会主义的新时期。

改革开放以来，在中国共产党的领导下，通过全国人民艰苦奋斗不懈努力，用具有巨大活力的中国特色社会主义市场经济体制代替原本高度集中的计划经济体制，让中国人民的物质生活从基本温饱达到全面小康，为实现中国人民共同憧憬的未来、实现中华民族伟大复兴的中国梦奠定了基础。

2. 当代中国人民的共同追求

实现中国梦，既是中华儿女的历史使命，也是当代中国人民的共同追求。中国梦的本质是国家富强、民族振兴、人民幸福。当代中国人民的梦不仅包含国家富强、人民幸福的历史任务要求，还蕴含着实现中华民族伟大复兴的时代内涵，是对国家富强、人民富裕的历史梦的超越与升华，更具时代意义与价值。

（1）中国梦是当代中国人民共同的梦。中国梦是每一位中华儿女自身梦的汇聚，与每一位中华儿女的梦相通，需要当代中华儿女将自己的事业梦、学业梦等个人梦想自觉融入整个中华民族的大梦想之中，自觉奉献出热血与青春，通过自我小梦想的实现为中国梦的实现集聚能量。中国梦是每一个中华儿女为之共同努力的美好愿景，是人民群众的伟大创造力。每一位中华儿女在筑梦、追梦的征程中都非看客与过客，每个中华儿女都是实实在在的奋斗者、参与者和见证者，每个中华儿女都在伟大复兴的过程中发挥着重要作用。目前，我国正处于改革开放的攻坚期，只有大家团结一致、共同奋斗，才能顺利地推进改革进程，更好地实现中国梦，同时也就是实现了自己的个人梦。

（2）中国梦是当代中国人民的历史担当。中华人民共和国成立以来，全国人民在共产党的领导下，将国家、民族的兴旺发达同自己的命运紧密相连，为完成国家富强、人民富裕的历史任务，不畏艰险、迎难而上，体现出了当代中国人民建设强大国家、美好社会的责任感，体现了当代中国人民的历史担当。

（3）中国梦是党的宗旨的深刻体现。中国梦归根到底是人民的梦，必须紧紧依靠人民来实现，必须不断为人民造福。新时代的中国梦是对为人民服务思想的继承与创新。国家富强、民族振兴、人民幸福作为中国梦的本质，要求中国共产党带领全国人民大力发展生产力，为实现人民群众的幸福生活奠定物质基础；要求努力实现中华民族伟大复兴，提高中华民族在国际上的地位，增强中国人民的自信心与自豪感；要求实现改革开放成果由人民共享，为实现人的自由全面发展奠定基础，增强人民群众的幸福感。

由此，中国梦的出发点，是更好地全心全意为人民服务。中国梦的落脚点，是努力让人们幼有所育、学有所教、劳有所得、住有所居、病有所医、老有所养、弱有所扶；让每一个中华儿女共同享有人生出彩的机会，共同享有梦想成真的机会，共同享有同祖国和时代一起成长与进步的机会。因此，中国梦的落脚点，同样是更好地全心全意为人民服务。从此意义上可以说，中国梦是党的全心全意为人民服务宗旨的深刻体现，是党的宗旨的出发点与落脚点。

二、新时代思想政治教育的任务

（一）培育坚定社会主义核心价值观的社会公民

社会主义核心价值观从国家、社会、个人三个层面对社会主义的本质特征做出最新探索和概括，这是对时代诉求和民众呼声的回应。爱国精神、敬业精神、诚信品质、友善精神，应成为每一位社会成员积极追求的精神品质。社会主义核心价值观作为中国当前社会重要的价值取向表达，每一位社会公民都应将其内化为精神追求，外化为自觉行动。培育以社会主义核心价值观为基本价值导向的公民，是新时代思想政治教育的一项重要任务。

（二）同心共筑中华民族复兴的中国梦

中华民族伟大复兴中国梦，绝不是轻轻松松、敲锣打鼓就能实现的，全党全国人民必须付出更为艰巨、更为艰苦的努力，必须坚定中国道路奋勇前进、弘扬中国精神凝心聚力、迸发中国力量使梦想成真。

1. 坚定中国道路

所谓中国道路，是指中国特色社会主义道路。中国道路是中国人民基于历史与自身需求做出的正确选择，这一道路基于中国基本国情、符合历史发展规律，是人民群众意愿的体现，不仅是中国先进分子追求国家富强、民族复兴、人民幸福的伟大梦想的凝聚和推进，也是中国共产党成立百年来历史发展的积淀。它立足于社会主义初级阶段的基本国情，充分考虑到相对落后的生产力条件下社会主义建设的特殊性，也是对中国改革开放前的历史经验的科学总结。中国道路坚持从现实出发，解放思想，实事求是，完成马克思主义经典社会主义建设模式理论的突破发展，符合中国具体的发展现实，为中国特色社会主义的发展找到一条科学的发展道路。

正是在中国道路的正确指导下，中国经济社会建设取得了举世瞩目的成就。综合国力在稳步提高，人民生活水平在不断提高，从而用实践证明了马克思主义的科学真理性，成功地捍卫了马克思主义的社会主义理论。由此可见，实现中国梦必须从社会主义初级阶段基本国情出发，必须通过走中国道路以不断夯实中国梦的社会政治、经济等基础。实现中国梦必须走中国道路，即走中国特色社会主义道路，这是历史发展的科学总结，也是现实诉求的必然选择。中国特色社会主义道路不仅指明了实现中国梦的前进方向，而且继承和把握了中华民族传统文化的精髓，体现了坚持中国特色社会主义道路的重大理论意义和实践价值。

中国特色社会主义道路是实现中国梦的必由之路，为此，我们应该注意做到以下三方面：

（1）坚持实事求是的思想路线。实事求是不仅是一种思维方法，也是一个实践过程。中国特色社会主义道路必须结合自己的国情，在不违反客观规律的前提下，探索自己的道路，敢于走自己的道路，善于走自己的道路。新时代，中国特色社会主义道路的探索和实践需要稳步推进。只有坚持实事求是的路线，因地制宜地走自己的路，中国梦才能够稳定、快速地实现。

（2）坚持走中国特色社会主义道路，必须顺应时代潮流，顺应人民愿望，敢于把改革开放推向更深层次，使党和人民的事业始终充满前进的强大动力。中国特色社会主义道路是实现社会主义现代化，为人民创造更美好生活的必由之路。实现中国梦，必须坚持党在社会主义初级阶段的基本路线，以经济建设为中心，发展和解放生产力。发展是解决所有社会问题的关键。要以经济建设为中心，全面建设经济、政治、文化、社会和生态文明，不断深化改革，促进科学发展，不断为实现中国梦奠定坚实的基础，为实现中国梦提供全面的保障。

（3）坚持中国特色社会主义道路，实现中国梦，需要积极推进五位一体总体布局。五位一体总体布局，对中国社会的全面发展进步具有重要意义，对中国梦的实现有着深远的影响。五位一体作为中国特色社会主义建设的总体布局，对我国社会主义现代化建设具有重要意义。它从局部开始全面调整、从不太协调到全面协调的转换，体现了中国共产党对中国特色社会主义的认识达到了新境界，标志着我国社会主义现代化建设进入新的历史发展阶段，为实现中国梦奠定了多方面的基础。

2. 弘扬中国精神

所谓中国精神，是指以爱国主义为核心的民族精神和以改革创新为核心的时代精神。这种精神是凝心聚力的兴国之魂、强国之魄。要实现中华民族的伟大复兴，就必须依靠全体中国人民的团结和艰苦奋斗，在中华民族近代史上一再面临征服和灭亡的危险之际，民族共识的关键因素是在每个中国人民的血液中流淌着爱国精神。当前，爱国主义的核心是热爱中华人民共和国，坚持有中国特色社会主义的共同理想，坚持共产主义的崇高理想。因此，在当代中国，爱国主义和社会主义本质上是统一的。

在经济全球化的背景下，中国的发展和进步不仅能够吸收世界上先进的物质文化成果，还包括资本主义制度下创造的优秀文明成果。然而，在长期面临资本主义与和平竞争挑战的过程中，我们需要始终坚持对中国特色社会主义的道路自信、理论自信、制度自信、文化自信。坚持社会主义道德的重要保证在于培养深厚的爱国主义精神。

在新时代，只有弘扬中国精神以凝心聚力，才能进一步推进中国特色社会主义事业发展，万众一心筑起中华民族伟大复兴的中国梦。为弘扬中国精神，应该注意做到以下两点：

（1）推进社会主义核心价值体系建设。随着改革开放的深入和发展，中国在世界范围内取得了举世瞩目的成就，综合国力不断提高。然而，人们的思想观念和价值观念已经变得更加活跃和多样化。世界范围内的思想文化融合碰撞，文化冲突越来越普遍。社会主义核心价值体系作为振兴国家的灵魂，对中国特色社会主义的发展方向具有不可估量的决定性作用，大力推进社会主义核心价值体系建设，可以为实现中国梦这一目标提供价值导向。

第一，社会主义核心价值体系具有内在的先进性和稳定性。社会主义核心价值体系是一个具有超越性和精神层面的概念，它凝聚着人民的力量，具有强烈的号召力。要实现中国梦，就必须团结人民的力量，发挥他们的强大魅力。

第二，社会主义核心价值体系具有民族化、大众化等特征，群众能够很容易地从心底真正认同社会主义核心价值体系。因此，中国梦需要这样的凝聚力价值导向。

第三，社会主义核心价值体系具有高度的包容性，它尊重多元化价值观。这样的价值体系将得到人们的深刻认可与支持，真正凝聚人民的力量，为实现中国梦提供精神动力。

总之，只有进行社会主义核心价值体系建设，才能更好地弘扬中华民族精神，为实现中国梦提供强大的精神动力。

（2）宣传中国传统文化。我们要加强对中华优秀传统文化的挖掘和阐发，努力实现中华传统美德的创造性转化、创新性发展，把跨越时空、超越国度、富有永恒魅力、具有当代价值的文化精神弘扬起来，把继承优秀传统文化又弘扬时代精神、立足本国又面向世界的当代中国文化创新成果传播出去。大力传播中国传统文化有利于人们了解中国传统文化，有利于人们形成对中国传统文化的认同感，从而有助于弘扬中华精神，形成中华精神团结和进步的凝聚力。

3. 迸发中国力量

所谓中国力量，指的是中国人民群众万众一心、众志成城为实现共同梦想而努力奋斗的力量。总体而言，中国梦是集体梦与个人梦的有机统一。无论是从集体的角度还是从个人的角度，实现中国梦离不开广大人民群众的艰苦奋斗。中国梦的实现必须依靠脚踏实地的斗争，必须一步一步地完成，而不是停留在幻想中。

在实现中国梦的过程中，根本的主体力量来自最广大人民群众，这也是群众史观的体现，充分彰显了历史唯物主义。中国共产党人在中国梦的实现历史进程中发挥了重要作用，但是，没有最广大群众的支持和参与，中国梦就不可能实现。因此，在追求实现中国梦的过程中，必须充分尊重群众的主体性和创造性。中国改革开放的深入、中国特色社会主义建设事业取得的成就，无不是人民群众的作用。人民群众作为中国特色社会主义建设事业的主体，不是指少数个人或群体，而是推动社会发展的绝大多数人。中国梦作为社会集体与个体统一的梦想，若脱离了广大人民群众就难以凝聚共识、凝聚人心。

中国梦的实现离不开中国力量。中国力量是由多种个体力量构成的，不同的实践主体在追求自身梦想的过程中，不可避免地发挥着自己独特的力量。但是，由于主体梦想的相对独立性，必然导致主体力量的分散与统一。因此，凝聚共识，加强共同努力，是加强中国力量和追求中国梦的前提。从本质上讲，代表广大人民群众利益的中国共产党，是凝聚共识、共同加强中国力量的必要条件。在实践过程中，中国共产党人必须高举中国特色社会主义伟大旗帜，要形成共识，坚持共同理想，坚持崇高理想，整合社会力量，形成强大的中国力量，推进伟大中国梦的实现。

简言之，中国梦不仅是个人梦想，更是集体梦想；它不仅是一个具体的梦想，更是一个宏伟的梦想；从根本上说，它是实现中华民族伟大复兴的集体梦想和个人梦想的有效整合。

中国梦关注中国未来发展的方向，体现了中国人民对中华民族伟大复兴的憧憬和期待。这是整个中华民族所追求的梦想，是千千万万人民的夙愿。现在，每一个中国人都是中国梦的参与者和创造者，也是其成就的受益者。为了实现期待已久的中国梦，必须牢固树立和贯彻新发展理念，齐心协力建设中国特色社会主义，让梦想成真。

第二节　新时代思想政治理论课的性质与地位

中国特色社会主义进入新时代，对于学校思想政治理论课的科学定位提出新要求，站在新的历史起点，学校思想政治理论课要承担新使命、展现新作为。因此，关于课程自身的定位必须科学、准确。

一、新时代思想政治理论课的性质

推动思想政治理论课改革创新，要不断增强课程的思想性、理论性和亲和力、针对性，要坚持八个统一。八个统一是思想政治理论课建设的改革创新方法论，深刻总结了思想政治理论课建设长期以来形成的规律性认识和成功经验，构成一个紧密联系、有机统一的整体。其中，政治性和学理性相统一集中论述了新时代学校思想政治理论课的性质。

（一）政治性和学理性的内涵

学校思想政治理论课的政治性和学理性存在本质上的差异，两者统一的基本前提是要对政治性和学理性有清晰的认识和理解。

政治性是学校思想政治理论课最重要的课程性质，直接源自思想政治理论课设立的意识形态要求。思想政治理论课教学应该切实坚持历史唯物主义的方法，以历史分析的眼光看待学生的多元价值取向，并进行适当的引导。在马克思看来，分析和解决问题应该始终站在现实历史的基础上，不是从观念出发来解释实践，而是从物质实践出发来解释观念的东西。学校思想政治理论课的政治性表达并不是生硬地传递一种价值判断，也不是简单的说教，而是在信息量爆炸的现代生活中对现实社会生活现象进行剖析，引导学生不断自我纠正和形成正确的价值观，进而使学校思想政治理论课越发具有生命力。

学理性是指学校思想政治理论课教学内容的逻辑性，是思想政治理论课生命力与活力的源泉。在思想政治理论课中，学理性主要体现为马克思主义理论体系的真理性和科学性。马克思主义在实践的基础上，科学地揭示了自然界到人类社会的各种客观规律。马克思主义中国化正是马克思主义基本原理与中国特色社会主义建设实践相结合的过程，这一过程与时俱进，不断产生新的成果，使马克思主义在我国国情下焕发出全新的生命力。学校思想政治理论课的学理性应该充分发挥马克思主义中国化的时代性、实践性，从而更有活力与生命力。

（二）政治性和学理性的相互关系

学校思想政治理论课既具有政治性，也具有学理性，厘清政治性与学理性的相互关系是在教学中正确处理二者关系的基础。

1. 学理性的原则是政治性

大致而言，马克思主义理论体系的教学要达到如下政治性目标：

（1）确立坚定的政治方向。设置这门课程的目的就是在更好地向学生传达政治思想、在讲清楚马克思主义及其中国化理论体系的同时，在新时代中国特色社会主义思想的指引下，引领当代青年正确认识自己在新时代背景下的努力方向和角色定位，从而确立为实现中华民族伟大复兴做出贡献的志向。

（2）确立坚定的政治立场。马克思主义是我们立党立国的根本指导思想，而全心全意为人民服务是中国共产党的根本宗旨。学校思想政治理论课需要系统地讲述中国共产党的诞生与发展、党与群众之间的关系和中国共产党的执政理念，从而使学生站在群众和党员的不同立场上时，能够对中国特色社会主义有更深的理解和思考。

（3）树立坚定的政治信仰。人民有信仰，民族有希望，国家有力量；共产党人的根本，就是对马克思主义的信仰。学校思想政治理论课教学面对学生时，在引导其树立自己的理想信念的过程中，要讲清树立正确理想信念的重要性，解释马克思主义的信仰，继而使其理解中国共产党为何选择了马克思主义，理解是什么样的信仰使中国人民走到现在，从而使当代学生树立正确的价值观、世界观和人生观，拥有坚定的政治信仰。

（4）培养正确的政治品格。严和实是中国共产党与生俱来的鲜明政治品格，即坚守三严三实：严以修身、严以用权、严以律己，谋事要实、创业要实、做人要实。实事求是是践行三严三实的根本方法，是马克思主义的根本观点，是中国共产党人认识世界、改造世界的根本要求，是我们党的基本思想方法、工作方法、领导方法。同样，在学校思想政治理论课教学的过程中，实事求是是学生在学习过程中应当牢记的方法。学生要学会结合现实情况，认清国内外的形势，从而掌握认识、理解和分析现实问题的正确方法。

2. 政治性的载体是学理性

政治性离不开学理性这个载体，否则就无法达到思想政治理论课的目标。学理性的载体作用如下：

（1）通过学理性表达政治性。马克思主义理论体系具有坚实的理论基础，用简洁有力的方式表达理论体系中的政治属性教学过程中，应立足中国国情阐述中国特色社会主义理论体系，展现马克思主义的真理性与实践性。

（2）学理性运用。学理性需要彻底运用在教学当中，从是什么到为什么，全面诠释马克思主义理论知识，以客观性、科学性和彻底性说明理论的政治性。

（3）学理性需要强调思想政治理论课教学的逻辑性。学校思想政治理论课教学需要表达出理论知识的逻辑性，应当充分考虑学生自我意识的判断，结合社会环境的变化，使得学生通过紧密的逻辑，更好地学习理论知识，实现马克思主义基本原理、中国社会现实和中国历史三方面教育的结合，助力理论知识在未来现实生活中的运用。

（4）学理性需要创新性和时代性。马克思指出任何真正的哲学都是自己时代精神的精华。思想政治理论课教学只有与时俱进，才能回答学生在学习和生活中的各种疑问，才会有说服力，学生也会发自内心喜爱思想政治理论课，感受到思想政治理论课真正的价值。

总而言之，学理性用以表达政治性，政治性是支撑学理性研究的基础；两者是无法割裂和相互脱离的，否则思想政治理论课的教学将走向极端。假如在探讨学理性的时候忽略政治性，教学过程中学生就容易将马克思主义当作纯粹的理论知识，无法将理论知识联系到处于信息爆炸的现代社会生活中，更无法在各种复杂的信息中辨明道路，树立正确的政治信仰。同样，假如在探讨政治性的时候忽略学理性，思想政治理论课就容易变成宣传政策的传话筒，走向枯燥和标签的极端，必然导致思想政治理论课遭遇学生的排斥和抵触，无法实现其既定的教学目标。

3. 实现政治性与学理性的统一

中华人民共和国成立以来，学校思想政治理论课在各个历史时期都发挥了凝聚共识的重要作用。我国进入新时代，新时代存在更多的机遇与挑战，信息量的不断膨胀、多元文化价值观的多次碰撞、媒体舆论信息的多重表达等都带来了新的问题和处理方式，意识形态领域的交锋也更加多元和频繁。因此，当代的学校思想政治理论课比历史上其他时期更为重要，任务也更加艰巨，要求学校思想政治理论课教学结合理论与现实，探讨实现政治性与学理性统一的路径。

（1）学校思想政治理论课教师应当以科学严谨的理论知识把握政治。思想政治理论课教师肩负着向学生教授马克思主义及其中国化的理论体系的重任，肩负着培养学生正确的政治立场、方向和使命的重任。思想政治理论课对教师提出了高标准，教师必须具有精深的马克思主义理论素养，还要满足懂政治、讲情怀、广视野、严纪律、高品格的要求，用唯物史观的眼光多思路、多角度启发学生，讲清、讲懂思想政治，杜绝将客观的真理讲成口号，把政治语言学理化；带领学生读马克思主义经典著作，以著作中严谨的逻辑、辩证唯物的理论征服学生，教会学生将马克思主义理论运用于生活实践中，从而使学生一生受益；坚持政治性和学理性相统一，引导学生为建成社会主义现代化强国、为中华民族伟大复兴而奋斗，成为德智体美劳全面发展的社会主义建设者和接班人。

（2）学校思想政治理论课教师应当与学校乃至社会合力，实现政治性和学理性的统一。建设思想政治理论课不只需要学校思想政治理论课教师的努力，在社会层面上，各级党委组织应当主动对学校思想政治理论课建设遇到的困难与问题展开调查研究。同时，教育部等有关部门须主动深入学校思想政治理论课建设当中，了解教学过程中需要解决的问题，组织有关研讨会商量措施。最重要的是加强与学校思想政治理论课教师的交流与沟通，了解他们所在学校目前思想政治理论课建设的状态与情况，尤其应该多鼓励对学校思想政治理论课建设做出突出贡献的教师，将其作为模范代表，调动其他思想政治理论课教师的积极性。学校校级、院级领导要对校内思想政治理论课建设心里有谱，深入课堂了解学校思想政治理论课建设所处的水平，组建学校思想政治理论课建设小组，组织思想政治理论课教师定期分享和探讨教学内容，及时将教师的教学成果纳入考评体系中并加以鼓励，吸引大量优秀教师到学校思想政治理论课建设的队伍中。

（3）学校思想政治理论课教师应当不断提升自我。办好思想政治理论课关键在教师，关键在发挥教师的积极性、主动性、创造性。思想政治理论课教师应牢记加强政治性和学理性的学习，成为具备政治素养和理论储备的新时代思想政治理论课教师，而且要始终把自己放在学习者和践行者的位置，不断思考自己对马克思主义理论的政治性和理论性的认识是否有提高。同时，学校思想政治理论课教师要加强与学生的交流与沟通，做到课前了解学生对理论知识的掌握程度，课上注重与学生互动，课后掌握学生对教学内容的吸收程度，充分发挥教学期间学生与教师的双向促进作用。学校思想政治理论课教师应有教书育人的使命感和责任感，以爱国主义为核心的民族精神和以改革创新为核心的时代精神，通过思想政治理论课教学开展相关实践课题研究，实现思想政治理论课教学的新突破，实现政治性与学理性的统一。

二、新时代思想政治理论课的重要地位

"高校思想政治理论课是集理论性与实践性于一体的课程，它既是对大学生进行思想政治教育的主要途径，更是传播马克思主义理论的重要阵地。随着中国特色社会主义进入新时代，想要更大限度地提升高校思想政治理论课育人主渠道的作用，实践教学也须持续加强和改进。"[①]

学校思想政治理论课的地位是由其性质所决定的，体现为它在整个高等教育和社会生活中的位置和作用。具体来说，主要有以下两方面：

（一）学生思想政治教育的主渠道

我国学校对学生的思想政治教育贯穿学校教育教学的各个环节，体现为全员育人、全程育人和全方位育人。就其教育主渠道或途径、形式来说，主要包括：思想政治理论课教学，学生日常教育、管理，形势政策教育，心理健康教育与咨询，党、团组织工作，辅导员、班主任工作，校园文化和社会实践活动，以及通过网络和各门课程教学工作开展思想政治教育等。而这里所谓的主渠道，是指思想政治理论课作为国家统一设置和实施的、所有学生必修的专门性和直接性的思想政治教育课程，在诸多思想政治教育渠道或途径、形式中起着主导或引导性的作用。

一方面，加强和改进学生思想政治教育工作的主要任务决定了思想政治理论课的主渠道地位。学生是十分宝贵的人才资源，是民族的希望，是祖国的未来。加强和改进学生思想政治教育，提高他们的思想政治素质，把他们培养成中国特色社会主义事业的建设者和接班人，对于全面实施科教兴国和人才强国战略，确保我国在激烈的国际竞争中始终立于不败之地，确保实现全面建设小康社会、加快推进社会主义现代化的宏伟目标，确保中国特色社会主义事业兴旺发达、后继有人，具有重大而深远的战略意义。

加强和改进学生思想政治教育的主要任务，全面落实党的教育方针，紧密结合中国特色社会主义现代化建设的实际情况，对学生系统灌输马克思主义科学理

---

① 翟柯欣. 新时代高校思想政治理论课实践教学研究 [D]. 西安：西安理工大学，2023：1.

论，进行正确的世界观、人生观、价值观、道德观和法治观教育，努力提高思想政治教育的针对性、实效性、吸引力和感染力。我们的学校是党领导下的学校，是中国特色社会主义学校。办好我们的学校，必须坚持以马克思主义为指导，全面贯彻党的教育方针。要坚持不懈传播马克思主义科学理论，抓好马克思主义理论教育，为学生一生成长奠定科学的思想基础。要坚持不懈培育和弘扬社会主义核心价值观，引导广大师生做社会主义核心价值观的坚定信仰者、积极传播者、模范践行者。学校思想政治理论课的目标和内容正是适应了上述任务和要求。

同时，在学校各种教育活动中，课堂教学活动是最基本、最核心、最稳定的教育环节。它集中反映了人类文明的思维成果，是人类认识世界、改造世界智慧的结晶，具有强大的理性感召力和影响力，对人素质的形成与发展起着奠基作用。思想政治理论课是直接为培养和提高学生的思想政治素质而设计的课程，作为理论化、系统化、科学化程度最高的马克思主义理论学科课程形态之一，它概括和浓缩了我国社会主义社会所积累和倡导的思想政治观念、道德规范、价值观念和行为模式，充分体现了马克思主义的基本原理及其中国化的最新成果，反映了社会主义意识形态教育的主导性要求，因而理应成为学校对学生开展思想政治教育的主渠道和核心课程。

另一方面，学校思想政治理论课的不断改革与建设使其能够胜任学生思想政治教育主渠道的重任。中华人民共和国成立以来，学校思想政治理论课从初步确立到调整、巩固，再到改革、发展，其间虽然经历了一段曲折的过程，但其课程设置和教学内容仍然适应了当时形势和中心任务的需要；面对新的变化和新的情况，思想政治理论课还存在着不尽适应和亟待解决的问题，但其主流和趋势仍得以不断改进和加强。

（二）学校素质教育的灵魂所在

人的素质是由各种素质要素构成的有机整体，可概括为思想政治素质、科学文化素质、专业能力素质、身体素质、心理素质、审美素质等。其中，身体素质和心理素质是人的素质的物质载体，科学文化素质和专业能力素质是人的素质的基本内容，思想政治素质是人的素质的灵魂，审美素质是人的素质的综合体现。

强调对青年学生进行思想政治理论教育，提高他们的思想政治素质，并把它看作灵魂和关键，是党和国家一以贯之的思想。用理想、纪律教育青年，要加强各级学校的政治教育、形势教育、思想教育，包括人生观教育、道德教育。青年人不了解历史，我们要用历史教育青年，教育人民。要说素质，思想政治素质是最重要的素质。不断增强学生和群众的爱国主义、集体主义、社会主义思想，是素质教育的灵魂。

学生是国家宝贵的人才资源，是民族的希望和祖国的未来。学生的思想政治状况、道德品质、科学文化素质和健康素质如何，不仅直接关系现阶段中华民族的素质，而且直接关系未来中华民族的素质。特别是学生思想政治素质如何，更是直接关系到党和国家的前途命运。要使学生成长为中国特色社会主义事业的合格建设者和可靠接班人，不仅要大力提高他们的科学文化素质，更要大力提高他们的思想政治素质。学校思想政治工作关系学校培养什么样的人、如何培养人及为谁培养人这个根本问题。要用好课堂教学这个主渠道，思想政治理论课要坚持在改进中加强，提升思想政治教育亲和力和针对性，满足学生成长发展需求和期待。党和国家关于提高学生思想政治素质的指示精神，是学校深入开展思想政治理论课教育教学的重要指针。

教育是培养人和造就人的社会活动。坚持德智体美劳全面发展，培养中国特色社会主义事业的合格建设者和可靠接班人，是社会主义教育的最终目的，也是与社会主义前途和命运息息相关的重大教育命题。学校是培养高素质人才的摇篮，也是全面推进素质教育的重要基地。全国学校都要始终不渝地全面贯彻党的教育方针，坚持学校教育育人为本，德智体美德育为先，充分发挥学生思想政治教育主阵地、主课堂、主渠道的作用，全方位推进学生思想政治教育，多方面促进学生全面发展，为培养造就一代新人做出贡献。

因此，培养什么人、怎样培养人和为谁培养人的问题，是素质教育的核心问题，也是一切教育工作的出发点和落脚点。思想政治理论课作为对学生进行思想政治教育的主阵地、主课堂、主渠道，承担的正是这一使命和重任。如果这方面的教育搞不好，其他方面的教育就会偏离正确的方向，就会失去前进的动力。只有摆正思想政治理论课在素质教育中的位置，充分发挥思想政治理论课在素质教育中的灵魂作用，才能真正回答学校立德树人的根本问题，从而保证我国高等教育的社会主义方向，为中国特色社会主义事业培养德智体美劳全面发展的高素质人才。

第三节　新时代思想政治理论课的价值与原则

一、新时代思想政治理论课的价值取向

"思想政治理论课是落实立德树人的关键课程。新时代各级各类学校应全面推进思政课教学改革，不断提升其科学性、人文性、学生主体性等价值向度。如此，思政课才能既有政治高度，又有理论深度、历史厚度和情感温度；既增强了学生的获得感和教师的成就感，更为巩固马克思主义在意识形态领域的指导地位，培育担当中华民族复兴大任的时代新人提供了强大的精神支撑。"[①]

八个统一中的政治性与学理性相统一、价值性与知识性相统一、建设性与批判性相统一，从价值论维度体现了党对思政课教学改革创新的基本要求，是新时代思政课引导学生坚持马克思主义意识形态的价值取向、巩固思政课在学校思想政治宣传中的主阵地和主渠道地位的重要保障。

（一）政治性和学理性相统一

1. 鲜明的政治性

（1）思政课的指导思想体现出了鲜明的政治性。思政课必须在马克思主义及其中国化理论成果的指导下展开教学，政治性是思政课的灵魂，抛弃了政治性，思政课将丧失正确的价值取向，迷失前进的方向。马克思主义及其中国化的一系列理论成果都是建立在严密逻辑基础之上的科学理论，是思政课政治属性的有力支撑，为思政课的教学改革创新提供了不竭动力，坚持这些理论就是要毫不动摇地维护中国特色社会主义制度，坚定不移地走中国特色社会主义道路，这是必须贯穿思政课教学全过程的政治思维意识。

（2）思政课的意识形态具有鲜明的政治性。

---

① 李瑞君. 论新时代学校思想政治理论课教学改革的价值向度 [J]. 学校党建与思想教育，2022（23）：46.

首先，思政课必须坚持马克思主义意识形态，拥护中国共产党的基本路线、方针和政策，认同中国共产党的基本理念、立场和观点，它代表了无产阶级利益，也就是最广大人民群众的根本利益，与实现无产阶级自由与解放的理想追求完全契合。

其次，思政课必须坚持社会主义意识形态，因为只有在社会主义制度中才能真正实现人民群众当家做主，这在中国的国体和政体中都有明确的表述。中国共产党始终带领全国人民坚定不移地走中国特色社会主义道路，目前中国进入了新时代，提出实现中华民族伟大复兴的中国梦，就是要在把中国建设成为富强民主文明和谐美丽的社会主义现代化强国的基础上，不断奋进，朝着实现共产主义这一最终目标而努力，这是人类社会的终极社会制度，是马克思主义者的最高理想。全面建成小康社会和实现人民追求美好生活的愿望，必须坚持马克思主义信仰和中国共产党的领导才能够实现。思政课必须充分发挥政治功能，用真理的强大力量引导学生，在科学理性的探索中坚信马克思主义的政治观点，坚定新时代中国特色社会主义制度的政治方向。

（3）思政课的教师立场具有鲜明的政治性。思政课能否发挥思想政治教育的主渠道功能，关键在于思政课教师，思政课教师必须具备政治素质硬、理论水平强、思想境界高的基本特点，必须始终与党中央保持一致。思政课教师在大是大非面前必须始终保持清醒的政治头脑，坚定政治立场，明确政治方向，能够辨明事物真伪，看待问题不是仅仅停留在事物的表面，而是要抛开现象看本质，善于用科学的理论解释现实，用生动的现实增强理论的说服力，让学生真正体会到理论的诞生是现实的需要，不是为了理论而理论，而是为了解决现实问题而理论。这样政治性强的理论将不再枯燥，学生会更乐于接受其思想的洗礼，并主动捍卫马克思主义，坚持新时代中国特色社会主义思想，愿意为社会主义建设做出贡献，这样思政课就真正实现了政治功能。

（4）思政课必须具备高深的学理性。自然界和社会诸现象之间存在着必然、本质、稳定和反复出现的关系，即规律，它是事物的内在联系，决定着事物发展的必然趋向。规律具有客观性，不以人的意志为转移，它既不能被创造，也不能被消灭，不管人们承认不承认，规律总是时刻不停地发挥着约束作用，使事物之间形成既对立又统一的关系。世上万物如果符合事物内部发展规律，就能够存在并不断发展，反之则会走向衰落和消亡。思政课要发挥好思想政治教育主渠道的作用，也必须符合自身发展规律、适应学生心理发展规律、服务于社会发展规律。这些规律中蕴含的丰富哲理，就是思政课要阐明的学理。理论只要说服人，就能掌握群众；而理论只要彻底，就能说服人。所谓彻底，就是抓住事物的根本。这句话说明了理论必须通过阐释事物的本质规律才能够使人信服，这也正是思政课所要追求的学理性。要想提升思政课的学理性必须做到以下三点：

第一，思政课的学理性必须符合自身发展规律。思政课的建设需要借助一整套科学完整的理论体系来夯实学理的支撑，这必须在加快构建中国特色哲学社会科学的基础上实现。对外来理论要批判地借鉴，对国外的理论、概念、话语、方法，要有分析、有鉴别，适用的就拿来用，不适用的就不要生搬硬套。哲学社会科学要有批判精神，这是马克思主义最可贵的精神品质。要构建中国特色的哲学社会科学，就必须以中国的实际情况和发展需要为依据。只有以我国实际为研究起点，提出具有主体性、原创性的理论观点，构建具有自身特质的学科体系、学术体系、话语体系，我国哲学社会科学才能形成自己的特色和优势。思政课的理论建设要依靠中国哲学社会科学建设的成果，把科学的理论和思想融入课堂，用中国特色的学术话语来分析和解释中国的现实问题，才能最切实地反映出中国的社会现状，体现出思政课既高深又易于理解的学理性。

第二，思政课的学理性必须适应学生心理发展规律。学生时代是人的世界观、人生观和价值观形成的重要时期，此时的他们充满着好奇心和求知欲望，学习能力强，但判断事物是非曲直的能力还有待提高。如果思政课不能在学理上讲清楚事物的本质，就很难让学生信服，因此思政课教师必须在加强政治理论学习的基础上，课前事先分析事物内部的逻辑关系，认真思考事物发展的关键环节，对学生可能产生的疑问进行预设，并提前组织学术语言，选取适当的理论设计出详细的解答方案，尽量从事物的正反两方面和多个角度切入，不留死角，无懈可击地圆满解答学生的疑惑，要做到这一点，必须依靠中国特色哲学社会科学给予思政课的学理知识，在解答学生疑问的过程中充分体现出思政课深厚的学理性。

第三，思政课的学理性必须服务于社会发展规律。思政课与社会政治经济文化之间存在作用与反作用的关系，思政课既受社会发展各方面因素的制约，同时又必须服务于社会发展。思政课的目标非常明确，那就是为中国新时代培养合格的建设者和可靠的接班人，培养广大青年对新时代中国特色社会主义制度的坚定信念，立志为实现中华民族伟大复兴的中国梦而努力奋斗。要想达到这样的号召力，学理性是思政课不可或缺的有力武器，是调动广大青年的积极性和主动性，使其投身于中国特色社会主义建设的不二选择，丧失了学理性，思政课将成为不被信服的空洞口号；具备了学理性，思政课就能发挥思想宣传和意识形态引导的重要作用。

2. 坚持政治性和学理性相统一

思政课不是单纯的政治说教或政治宣传，它有自己的学科归属和学理支撑，要用学术讲政治，用真理、逻辑、规律讲坚定共产主义理想、中国特色社会主义信念、实现中华民族伟大复兴中国梦的信心。这说明了思政课必须用学理性去解析政治，通过学理性表达政治立场、坚定政治方向。要想使思政课的政治性与学理性相统一，必须做到以下两点。

（1）必须认清政治性与学理性之间的关系。开展思政课教学的目的就是要让学生坚定走中国特色社会主义的道路，拥护中国共产党的领导和中国特色社会主义制度，保持马克思主义主流意识形态，因此鲜明的政治性是思政课的理论基础和最终培养目标。但是不能独断专行地去宣传政治，否则无法以理服人。政治必须通过学理分析来展现和表达，也就是要以透彻的学理分析回应学生，以彻底的思想理论说服学生，用真理的强大力量引导学生。

（2）必须寻求政治性和学理性相统一的实现途径。中国特色社会主义有自己的智慧，带动落后国家的发展，开发了世界价值洼地，促进了世界消费需求的增长，参与其中的每个国家在自身发展的过程中获取利益，而不是去掠夺他国的份额。中国特色社会主义是中国特色哲学社会科学的重要成果，其正确性毋庸置疑，是思政课的学理性的重要支撑，用这样的学理可以证明中国特色社会主义政策的正确性。

（二）价值性和知识性相统一

1. 弘扬核心的价值性

价值是定义人本身生存和发展的核心概念，一切价值形态都脱离不了这一范畴，都必须围绕着人的生存与发展，在符合人性的本质规律中推动人类的自我创造与再创造。价值涵盖了人的肉体生命与精神意识的双重发展，包括了人与自然的和谐统一。能够创造自我存在的自由人是价值的本体，其行为是价值的源泉，其追求的价值结果是人的发展。

辩证唯物主义认为，价值具有客观和主观两种属性。一方面，具有客观性是因为价值是物质的，是实际存在的，它从各个方面对人的生存与发展产生影响；另一方面，具有主观性是因为价值是可知的，能够被人类所认识。出于对客观现实的感知，个体产生不同的心理活动，这种心理是人脑的机能，因此心理的实质是人脑对客观现实的主观能动反映。

不同的行为主体对同一客体的感知程度不同，因此导致的反映也会有差异，这种差异集中体现在主观价值的两种具体形式当中，即情感和价值观。情感是人对相对价值的认识，或者说是对价值相对性的认识；而价值观是人对绝对价值的认识，即对价值绝对性的认识。二者与价值的关系在本质上是主观与客观的关系，是相辅相成的，一方面，客观价值是主观价值的基础，也就是说主观价值是对客观价值的反映，客观价值决定和制约着主观价值；另一方面，主观价值具有一定的相对独立性，能够对客观价值产生引导和强化等反作用。而价值性是主体在客体中发掘的能够满足自身发展需要的属性，虽然这种价值性是客观存在的，独立于人的认识和评价，但同时又依赖于主体的实践活动，即无法脱离人的追求与创造。

思政课所要体现的价值性，即社会主义核心价值观，这一价值观既是客观存在的，也是要根植于广大青年主观意识当中的，在这样的价值观的引领下，我们的国家已经部分实现和继续走向富强、民主、文明、和谐的美好愿景，中国社会改进和进一步发展自由、平等、公正、法治的治理方式，中国公民已经具备和继续养成诚信、友善、敬业、爱国的优良品质。

社会主义核心价值观的价值性就在于引领学生树立正确的世界观、人生观和价值观。思政课的教学改革创新必须紧密围绕社会主义核心价值观，完成立德树人的根本任务，教会学生如何通过践行社会主义核心价值观成长为建设新时代中国特色社会主义的栋梁之材。要将中国优秀的传统文化、激昂的革命文化和先进的建设文化融入思政课堂，继承、发扬和传播中国不同时代的文化精髓，挖掘中国思维方式产生的历史根源和现实因素，发挥中国特色哲学社会科学的影响力和感召力。

用中国文化的优秀成果促进学生对思政课价值性的理解，搭建起作为主体的学生与作为客体的社会主义核心价值之间的良性互动关系。一方面，使这种价值理念被学生接受和认可，产生对主体具有积极意义的正价值；另一方面，通过理论的引导，充分调动主体的主观能动性，促使学生在践行社会主义核心价值观的过程中进一步追寻思政课的客观价值性。这样就能让学生从被动学习转向主动学习，积极追求和探索真理，从认识客观价值性到研究和推动这一价值性的增长和不断发展，这不仅有利于学生的成长成才，也有利于思政课本身的建设与发展。

2. 弘深专业的知识性

知识性是指人在认识客观事物的过程中形成的一种观念和意识。知识性既具有语言、文字、图像、符号等外在表现形式，也就是可以被直观认知的部分；也具有潜藏于人的意识中，必须通过感觉直觉、情感体验等途径被间接理解的部分。

要传播和发展思政课中的专业知识性。首先，要通过教师对已经形成的知识体系和知识点进行讲述，使学生接受基本的理论；其次，要教会学生如何去思考，进一步挖掘显性知识背后所潜藏的隐性道理，教会学生运用已知的理论和事实，去发现问题、分析问题和解决问题，从而在学生的头脑中形成从认识、理解、接受到建构正确知识体系的过程，这正是思政课的知识性不断向专业性发展的逻辑起点。

思政课专业特点是具有极强的知识性和理论性。思想道德修养与法律基础从思想教育和法学角度开展教学活动，囊括了人生的青春之问、坚定理想信念、弘扬中国精神、践行社会主义核心价值观、明大德守公德严私德、遵法学法守法用法，与其他课程相比，这门课程实践性更强，主要是从思想意识领域培养学生的道德品行，使学生成长为新时代中国特色社会主义的有用之人，践行各种优良品质，养成知与行相统一的行为习惯。

3. 坚持价值性和知识性相统一

价值性与知识性是思政课必备的两个属性，虽然二者的表现形式有所不同，但彼此既相互区别又相互联系，有机地融为一体，共同成为思政课必不可少的组成元素。价值性是思政课的灵魂，失去了灵魂，思政课将丧失存在的意义；知识性是这一灵魂的载体，没有知识理论的讲授，价值性将无法清晰明确地呈现，更无法完成思政课价值性教育的功能。因此，在思政课教学改革的过程中，必须明晰二者的辩证统一关系，认识到价值性和知识性是缺一不可的。

（1）知识理论来源于高度凝练的价值。价值性是知识性的基础，思政课讲授的知识和宣传的理念必须具备的价值基础就是社会主义核心价值，这是在中国特色社会主义制度下坚持马克思主义意识形态的重要体现。通过对社会主义核心价值的凝练，形成了国家、社会、公民三个层面的社会主义核心价值观，用简短的12个词语完成了从思想意识中的价值性转化成可以表达和宣传的理论性成果。思政课是一类特殊的课程，其终极目标是培养学生的政治素养、思想品德和价值观念，因此其知识的传授也不同于其他课程中纯粹的科学知识，思政课的知识传播必须遵循价值性，如果背离了这一价值性，知识的传授就失去了方向和目的，将无法担负起培养新时代中国特色社会主义事业建设者和接班人的重任。

（2）价值要依靠知识理论的有力支撑。全面推动新时代中国特色社会主义思想进教材进课堂进学生头脑，让学生深刻认识新时代中国建设和发展所依托的科学理论体系及其蕴含的精神实质和重大意义，让学生明晰正在崛起的中国所处的时代背景和国家对广大青年的实践要求。通过讲授理论知识，引导学生明晰事理、感悟道理、追求真理，树立起正确的世界观、人生观、价值观，运用思政课的知识力量推动实现其价值理念。因此，思政课的历史重任义不容辞，那就是必须通过知识性的讲授，在传授科学的理论知识的基础上，对广大青年学生进行价值引导，培养他们树立起社会主义核心价值观，从而实现思政课的价值性，完成将思政课价值性和知识性相统一的重要任务。

（三）建设性和批判性相统一

1. 秉持思想的建设性

思想建设是思政课必须始终贯彻执行的根本属性。秉持建设性是党对新时代思政课发展的基本要求。在中国社会不断进步的同时，思想建设必须跟上时代的脚步，作为思想宣传主渠道和主阵地的思政课不仅不能削弱，而且必须加强，并需要在不断改革创新中越办越好，因为思政课自身的丰富和完善是加强舆论宣传和民众引导的现实需要，思政课的创新与发展是激发广大青少年乃至全社会团结奋斗的有利途径。

加强思政课的思想建设是时代的强烈呼唤和热切期盼，新时代中国特色社会主义事业的发展需要强大的思想武器，这是调动全社会向心力和凝聚力的重要力量。思政课上思想建设的任务可以分为两个步骤完成。

（1）要构建学生鲜明的思维意识。开设思政课的根本目的，就是要解决广大青年学生在思想观念上要坚持什么、反对什么这一关键性问题，要解决这一核心问题，必须发挥思政课的建设性功能和作用。办好思想政治理论课，最根本的是要全面贯彻党的教育方针，解决好培养什么人、怎样培养人、为谁培养人这个根本问题。因此，思政课的重要任务是要在广大青年学生中构建起符合新时代中国特色社会主义发展的思维意识，不断教育学生坚持中国特色社会主义制度，坚定走中国特色社会主义道路，坚决跟着中国共产党走。思政课思想建设的最终目的就是要壮大和巩固社会主义意识形态，弘扬新时代中国特色社会主义建设、改革与开放的主旋律，传播有利于国家繁荣富强、社会和谐稳定、人民幸福安康的正能量。

（2）要培养学生正确的行为范式。仅仅解决了思维意识问题是远远不够的，思政课在解决了培养什么人、怎样培养人、为谁培养人的根本问题后，还必须进一步完成培养新时代中国特色社会主义事业建设者和接班人的任务。也就是要引导学生运用构建起的思维意识来确立自己的行为范式，把所思所想付诸行动，完成理论与实践的结合，一方面，运用在思政课上学习到的理论知识来指导自己的实践活动；另一方面，在实践活动中不断总结经验，进一步深化思想意识和完善创新思维，使自己不断走向成熟。完成了这一过程，思政课的思想建设才达到了目的，因为新时代中国特色社会主义建设需要的是能为国家和民族事业发展献计献策、付诸实施的建设者和接班人。

因此，思政课的思想建设必须在引导学生树立起正确的世界观、人生观、价值观的同时，进一步把他们培养成为社会主义核心价值观积极的传播者和模范的践行者，使广大青年学生不仅成长为有信仰的人，还要进一步成为乐为、敢为、有为的新时代中国特色社会主义事业的建设者和接班人。

2. 秉承辩证的批判性

批判性是指观察客观事物时所具有的洞察力、辨别力和判断力，以及在此基础上通过回顾反思而对事物保持一种质疑的态度。思政课强调的批判性其实是要培养学生的批判性思维，也就是识别、分析和评价客观事物的思考过程，这也是构成批判性思维的关键要素。无论是在学习理论还是在现实生活中，批判性思维无处不在，它包括发现问题、提出观点和展开论证等关键步骤，批判性思维的目的不是为了否定而否定，而是为了肯定而否定，即通过对某个或某类事物的否定从而肯定与其有差别或相对立的其他事物。批判性思维是高等教育的一项重要培养目标，也是思政课必须完成的艰巨教学任务。思政课要秉承辩证的批判性，就必须做好以下两方面的工作：

（1）思政课要善于查找自身的薄弱环节。在科学正确理论的指导下，查找自身的问题和短板，要善于运用新时代中国特色社会主义思想来解答现实生活中的问题，不避讳客观存在的不合理现象和亟待解决的问题，要让学生清醒地认识到，任何国家和社会都是处在不断发展的进程当中的，而发展本身就是在不断解决各种问题的过程中实现的，这符合矛盾的运动能够推动事物不断向前发展的客观规律。

就像一个国家的法律一样，并不是从制定之初就能预见和界定所有违法行为，而是随着社会的进步、科技的发展、行为的变化不断地进行补充和完善，也就是说法律的出现总是迟到的，总是先有了钻空子和打擦边球的人出现，破坏了社会的安定和谐，侵占和损害了他人的权益，才会促使相应法律的诞生或条文的修订。

因此，思政课不要回避现实问题，思政课教师越是躲躲闪闪，就越是会激起学生的好奇心；思政课教师对某类问题越是三缄其口，学生就越想知道答案。思政课教师要善于思考各种问题，在备课的过程中做好充分的准备，不否认现实问题，并不是要被错误思潮带跑，而是要站在马克思主义的辩证立场上来分析问题，让学生认识到虽然社会上还存在一些差强人意的地方，但大的趋势是好的，也可以通过列举相关的案例，有理有据地来解答问题，阐明观点。最终的目的是要让学生坚信中国特色社会主义制度和道路，坚信在中国共产党的领导下，在新时代中国特色社会主义思想的指引下，激发出的中国智慧和中国效率，不仅可以解决资本主义解决不了的社会问题，也会逐步解决社会主义社会出现的新矛盾，从这个角度可以证明社会主义制度的优越性。

（2）思政课要善于应对外来的挑战。思政课必须培养学生的辩证性思维，具备了这种思维意识，就能够唤醒蕴含在哲学思想中的批判性的斗争意义，自觉辨析和抵制各种错误思潮。思政课就是要通过辩证的批判性来教育学生有方向、有立场、有原则地辩证分析事物的本质，在大是大非面前始终保持清醒的头脑，勇于批驳和否定错误观点与思潮，坚定马克思主义的政治立场。培养批判性思维，不仅是为了让学生学好理论，提升发现问题、分析问题和解决问题的能力，更重要的是要保持马克思主义意识形态，这是关系到国家和社会主义政权生死存亡的关键所在。

3. 坚持建设性和批判性相统一

建设性和批判性是共同服务于思政课创新发展的两方面，彼此紧密相连不可分割，虽然各有侧重，却又辩证统一。建设性侧重于从党和国家的政策要求出发，通过培养学生正确的思维意识和行为模式正向推动思政课的创新发展，解决的是立的问题；而批判性侧重于通过批驳和剔除错误观点和危险思潮反向推动思政课的自身完善和应对各种挑战，解决的是先破后立的问题。建设性与批判性虽然在方式方法上有所不同，但其出发点和落脚点是一致的，都是为了大大方方地讲好思政课，教育学生保持马克思主义意识形态，警惕和规避错误的价值导向。建设性和批判性在思政课的创新发展过程中是相辅相成，缺一不可的。

要完成思政课的创新发展、巩固广大青年学生的马克思主义意识形态，就必须坚持以统分结合的方式处理好思政课建设性和批判性的关系，认识到批判的目的在于更好地建设，建设的目标在于更有力地批判，从而真正实现二者的有机统一。

政治性与学理性相统一、价值性与知识性相统一、建设性与批判性相统一在八个统一中处于统领地位，从理论的高度凝练出了思政课的价值取向。政治性强调了思政课的政治属性，学理性是从哲学角度解读思想政治理论的内涵，二者的统一就是要求思政课必须用政治性规范学理的表达，同时运用学理性去解析政治，坚定政治立场和政治方向；价值性强调了思政课必须坚持弘扬和践行社会主义核心价值观，知识性就是要通过庞大的知识理论体系来证实思政课价值性的存在，二者的统一构成了相辅相成的关系，高度凝练的价值性是知识性的思想来源，博大精深的知识性是价值性的有力支撑；建设性是要解决思想建设中立的问题，而批判性则首先要完成破除有害思想的任务，为思想建设铺平道路，其使命是先破后立，二者的有机统一，既有助于增强危机意识，又有利于统一思想意识。可见，这三个统一在思政课建设中所占据的重要地位。

二、新时代思想政治理论课的建设原则

八个统一中的理论性与实践性相统一、统一性与多样性相统一从建设原则层面体现了党对思政课教学改革创新的更高要求。使学生通过学习将理论内化于心，并通过实践外化于行。思政课的指导思想必须始终坚持马克思主义的一元指导，但授课的形式可以灵活多样，尊重差异，不断增强思政课的思想性、理论性和亲和力、针对性。

（一）理论性和实践性相统一

1. 深化有效的实践性

用科学理论培养人，重视思政课的实践性，把思政小课堂同社会大课堂结合起来，教育引导学生立鸿鹄志，做奋斗者。要做到这一点，必须首先给老师提供参与社会实践的机会，到现实中去感受和认识自己所讲授的理论知识，在获得亲身体验后讲课的效果会更真实。

人民代表大会制度是坚持党的领导、人民当家做主、依法治国有机统一的根本制度安排。而人民代表大会是全国人民代表大会制度的执行机构，充分表达了全国人民的意志，具有神圣的职责，因为社会主义民主政治的优越性是通过它来体现和实现的。要不断推进社会主义民主政治制度化、规范化、程序化，更好发挥中国特色社会主义政治制度的优越性，为党和国家兴旺发达、长治久安提供更加完善的制度保障。

人民代表大会的工作机制和工作模式反映了社会主义民主制度的优越性。首先，它在代表的构成上具有优势。人大代表不是政客，而是从社会的不同群体中选举产生的，来源于群众并回归于人民群体的身份属性使他们具有充分的代表性，能够反映各行各业的真实诉求。其次，人大代表的履职过程有法可依。人大

代表受到代表法和代表条例的约束，在履职的过程中绝不允许代而不表和表而不代，即参加大会不发言，没有表达是不可以的；同样，说得天花乱坠，不代表人民的利益也是不允许的。在这样的体制机制的约束下，人大代表的履职能力不断提升，充分表达了不同社会群体的利益诉求。

人民代表大会可以平衡社会各方面的利益。依法解决两类问题，即解决不同单位、不同主体之间的利益平衡问题，解决违宪和法治统一等法律关系问题。这些问题的顺利解决有助于构建和谐社会，使人民群众安居乐业，社会安定团结。人民代表大会并不神秘。评价一个国家政治制度是不是民主的、有效的，主要看国家领导层能否依法有序更替，全体人民能否依法管理国家事务和社会事务、管理经济和文化事业，人民群众能否畅通表达利益要求，社会各方面能否有效参与国家政治生活。

为了让广大人民群众真正了解人民代表大会的工作情况，并能够充分地参政议政，各级人民代表大会通过多种渠道和途径公开政务。首先，可以通过人民代表大会的官方网站了解人民代表大会的各项工作，其中包括人大常委会委员的发言，召开代表大会的直播等。其次，可以通过纸质媒介了解人民代表大会的工作动向。最后，为民众创造参政途径，走进人民代表大会亲身感受其工作氛围，了解其工作模式、方法等。除了市一级的人民代表大会，各区、乡镇一级的人大常委会也留有旁听席位，方便群众就近参与。

思政课教师有责任和义务把中国特色社会主义民主政治的优越性研究透、讲清楚，有理有据地传授给学生，使广大青年学生认识到中国新时代的发展离不开中国特色的政治制度和党的领导，从而牢固树立四个自信和四个意识，坚决做到两个维护。各级人民代表大会的开放性，避免了人民群众产生距离感和神秘感，这种工作模式也给广大青年学生提供了观摩和旁听的机会，思政课教师可以鼓励学生培养参政议政的意识，通过这种途径可以把思政课的小课堂与社会的大课堂完美地结合起来，培养学生树立关心国家发展和民族未来的使命感，真正成长为新时代中国特色社会主义事业的建设者和接班人；通过这种方式可以做到思政课的理论性与实践性相统一，更好地落实完成思政课立德树人的根本任务。

2. 坚持理论性和实践性相统一

理论性与实践性看起来似乎是对立的，但其实是有机统一的。中国共产党的重要理论成果都强调必须联系实际，也就是必须用理论更好地去指导实践。坚持理论性与实践性相统一，也是思政课创新发展的内在要求，具体的做法包括以下两方面：

（1）要用理论指导确保实践的正确性。思政课的理论既科学又深奥，蕴含着丰富的历史逻辑和事物发展的普遍规律，学习这些理论的目的，不是让学生成为夸夸其谈的理论家，而是要教会学生如何透过现象看到事物的本质，提高发现问题、认识问题、分析问题和解决问题的能力，也就是要学会用这些理论去指导实践。通过思政课的学习，要让学生掌握马克思主义的立场、观点和方法，深刻认识到马克思主义的当代价值。要认真学习习近平新时代中国特色社会主义思想，因为它是马克思主义中国化的最新成果，是引领新时代中国特色社会主义不断发展的旗帜，是实现中华民族伟大复兴中国梦的灵魂，是最具权威性的，科学、务实、有效的理论。通过思政课的教学，要把这一理论传授给学生，内化于心，外化于行，使其转化为学生积极参与改造主客观世界的物质力量，这样思政课就既完成了用理论培养人、武装人的任务，也真正发挥理论对实践的指导作用。

（2）要用实践经验验证理论的科学性。正如思政课的理论性不是为了理论而理论一样，思政课的实践性也不是单纯地为了实践而实践，思政课实践的目的是更好地理解理论和应用理论，对教学理论进行验证、总结和升华，从而让理论随着实践的推进得到进一步发展。

因此，在实践的过程中必须知晓运用了哪些理论和观点，并在取得成果后进行分析，如果没有运用先进、科学的思想作为指导，实践的过程会不会顺利，实践的结果能不能成功，使学生在分析判断的过程中加深对理论的理解，悟出其中蕴含的真理，用亲身的感悟证明理论的科学性。

总之，在思政课的教学过程中必须做到理论与实践相结合，处理好二者的动态平衡关系，什么时候侧重于理论教学，什么时候偏向于实践教学，要在教学大纲设置、教学目标把握和教学环节设计上认真考虑，做好充分的准备。实践教学不能流于形式，不是搞出点新花样就行的，而是要真真正正地起到作用，那就是使学生进一步加深对理论的理解，学会运用马克思主义的世界观和方法论，真正掌握新时代中国特色社会主义思想，并在实际运用的过程中领悟理论知识的精髓，充分理解其正确性和科学性，做到学、思、用融会贯通，知、信、行完整统一，真正通过把思政课的小课堂同社会的大课堂结合起来，达成思政课预期的教学效果。

（二）统一性和多样性相统一

1. 呈现目标的统一性

思政课是中国学校独具特色的政治教育课程，其生成逻辑是培养学生的道德情操、价值观念、理想信念，坚定走中国特色社会主义道路。新时代思政课要贯彻党的教育方针，要坚持马克思主义指导地位，贯彻新时代中国特色社会主义思想，坚持社会主义办学方向，因此对思政课必须做统一要求。

（1）思政课要设置统一的教学目标。思政课的教学目标应该围绕其建设方向设定，坚持教育为人民服务、为中国共产党治国理政服务、为巩固和发展中国特色社会主义制度服务、为改革开放和社会主义现代化建设服务，落实立德树人根本任务，解决好培养什么人、怎样培养人、为谁培养人这个根本问题。思政课是服务于党和国家意识形态建设的特有课程，是一种创造性探索，在思想领域具有战略意义，因此，思政课在学校教育中占据首要地位，是检验办学方向的试金石。

目前，世界局势风云变幻，处于百年未有的大变革中，中国所要应对的挑战比过去更复杂。学生处于世界观、人生观、价值观确立并走向成熟的时期，思想异常活跃，接受新事物的能力强，但由于思想尚不成熟，也容易走极端或被一些错误的观点和思潮所蛊惑。因此，思政课的任务就是要在学校各种思想对话和交锋的过程中，教育学生保持清醒的头脑，自觉抵制和驳斥错误的观点和思潮，保持马克思主义主流意识形态，坚定中国特色社会主义的理想信念，坚决跟中国共产党走，努力成长为新时代中国特色社会主义事业的建设者和接班人，为实现中华民族伟大复兴的中国梦坚持不懈地奋斗。

（2）思政课要进行统一的课程设置。在学校中思政公共课的设置统一为五门课程。在这样一个关键时刻，思想道德修养与法律基础对端正学生思想品行，增强其法律意识提供了条件，同时进一步加深对历史的理论性分析，提高了学生认识和分析历史事件的能力，由原来的知识性学习，逐步向理论探索的学习方式转变；在学生的思想认识和能力水平都有所提高的情况下，从马克思主义政治经济学、辩证唯物主义哲学和科学社会主义发展的角度介绍马克思主义的基本原理知识和核心观点，使学生认识、理解和掌握这一科学体系及其方法论，为学习中国特色社会主义理论体系概论打下了良好的基础。因为后者是马克思主义中国化的成果，都是在坚持马克思主义的立场、观点和方法的基础上发展而来的，包括将马克思主义与中国革命和建设社会主义的初步探索相结合的思想，这是马克思主义中国化的第一大成果；包括将马克思主义与中国特色社会主义建设和改革开放相结合的中国特色社会主义理论体系。

（3）思政课要使用统一的教材。思政课的教材由专门的编写组编写，其成员都是思想政治教育方面的专家，教材成稿后由马克思主义理论研究和建设工程咨询委员会委员及审议专家把关，进行严格的审议和修改，最终定稿，这是业内专家集体智慧的结晶，教材在政治上具有不容置疑的原则性，在学术上拥有无可否认的权威性，在内容上体现了与时俱进的时代性，在方向上表现出事物发展的普遍规律性。这样的教材是思政课达成共同教学目标的有力保障，必须统一使用。

（4）思政课要落实统一的教学管理。思政课的教学管理要由多个部门协作完成，工作的中心是马克思主义学院，教师是完成思政课课堂教学的主导力量和课堂的第一责任人，但要成功开设思政课仅仅依靠思政课教师的力量是远远不够的，还必须由其他部门提供相应的保障和服务。校院党委及领导要按照国家的精神和统一部署制定校、院一级的文件和管理办法，为思政课的顺利开展提供政策支持。教务处要合理地安排课程的时间、地点，保证教学设备的正常使用，在教学过程中要进行检查，督促和帮助教师规范地完成授课任务，在期末考试、网上阅卷、登录成绩、整理教学文件等方面完成组织工作。学生工作部门和团委不仅要参与对学生的思想政治教育工作，同时也要将学生的社会实践与思政课进行对接，真正实现用思政课的政治理论来指导学生的社会实践。另外，班主任、辅导员也要关注学生的学习情况和思想动态，教育学生要认真学习政治理论知识，端正学习态度，帮助学生不断成长。总之，要实现思政课的统一性，就必须加强各部门的通力协作，整合各方面的优质资源，形成思政课建设的整体合力。

思政课必须展现丰富的多样性。虽然思政课教学在整体性和规范化方面必须统一要求，但这并不等于思政课的教学要千篇一律、墨守成规，而应该依据因地、因时、因人的变化积极地探索创新，以学生喜闻乐见的形式，以通俗易懂的方法讲明高深的理论知识，充分展现思政课的多样性。

2. 坚持统一性和多样性相统一

统一性与多样性看似一对矛盾的属性，但它们在思政课中的关系却是相辅相成，缺一不可的，因为思政课既要在落实教学目标、课程设置、教材使用、教学管理等方面执行统一要求，又要因地制宜、因时制宜、因材施教，受不同的学校、学生和教师这些因素的影响，因此，思政课在实际讲授的过程中存在着多样性。所以，在思政课建设的过程中，必须注重统一性与多样性的辩证统一关系。

（1）用统一的原则指导多样性的发展。虽然思政课的发展需要多样性，但必须认识到，这种多样性是在统一的指导思想下进行的，因为如果缺少了统一思想的指导，思政课将失去应有的政治方向和政治立场。思政课开设目的就是要为新时代中国特色社会主义建设事业培养可靠的建设者和接班人，可靠的首要内涵就是政治可靠，在思想深处必须具备社会主义核心价值观，只有这样的青年才能心向祖国，用自己的所学所能报效祖国，成为承担中华民族伟大复兴重任的坚实力量。

（2）用多样性的方法完成统一的要求。思政课统一要求的指向是应完成的目标，但作为完成目标过程中的授课方式是可以灵活多样的，可以因时、因地、因人的不同派生出多种模式，其核心要求是根据实际情况的差异，实事求是地面对思政课的新情况新问题，创新运用新方法新手段更好地发挥思政课的思想育人功能，完成立德树人的根本任务。

总之，在思政课的教学过程中必须坚持统一性与多样性相统一。坚持统一性就是努力实现从教材体系到教学体系再到学生思想体系的转化过程，教材的内容要具有稳定性，始终与党中央要求保持高度一致，但同时又要保留相对的开放性，随时吸纳党中央最新文件精神和教学科研新动态的理论成果。坚持多样性，就是要在统一要求的基础上，尽力创新运用新的教学方法与教学手段，把枯燥的政治理论课变成对实践具有指导意义的有用的课程。在授课的过程中，运用网络大数据资源，把生动的案例、视频资料等引入课堂，着重分析政治理论与现实生活的相互关系，帮助学生寻找到学习政治理论的实际意义，使学生明白学习思政课的目的不是为了理论而理论，而是为了在理论学习的过程中找到解决实际问题的生活智慧，培养出对事物的敏感性和洞察力，善于发现问题、分析问题和解决问题，这将是学生走好今后漫长人生路所必须具备的能力。

第二章　新时代思想政治理论课的教学内容

第一节　思想政治理论课中的中国梦教育

中国梦的理论教育，在当代大学生教育中扮演着至关重要的角色。唯有深入了解中国梦的内涵、历史渊源及实现途径，大学生才能够在情感认同和实践行动上真正体现对中国梦的理解与支持。中国梦的理论教育主要包括历史教育、理论阐释及相关知识教育三方面，这些不仅是大学生认知中国梦的基础，更是他们将中国梦内化为行动的关键。

首先，中国梦的历史教育是理论教育的基石。中国梦的萌发并非偶然，而是扎根于悠久的历史土壤。它是对中华民族五千余年历史的集体追忆，尤其是中国近代史的反思与延续。大学生的中国梦教育必须深入历史，通过了解历史的脉络与演变，对中国梦产生更为全面的认知。只有通过历史教育，大学生才能够理解中国梦的源起，领悟其历史深意，并将其融入自己的思想与行动之中。因此，历史教育不仅为大学生提供了认知中国梦的基础，更是理论教育的前提与基础。

其次，中国梦的理论教育须对其内涵、地位及实现路径进行深入解读。中国梦的理论涵盖了内核性的观点，旨在阐释中国梦的本质。理论教育要求大学生对"国家富强""民族振兴"及"人民幸福"等核心概念有清晰的理解，同时将其统一为中国梦的整体内涵进行阐释。理解中国梦的地位与性质，则需要从社会发展的角度，理解其在中国特色社会主义建设中的重要意义，并将其与国家其他战略布局及执政理念相互关联。在讲授中国梦实现途径时，不仅需要详细阐释"中国道路""中国精神"和"中国力量"，还要探讨这些要素之间的内在联系。大学生通过理论教育，可以建立起对中国梦的清晰认知，为将其转化为行动提供思想上的支持与指导。

最后，中国梦的相关知识教育则需要将其置于更广泛的视野中进行探讨。国际视野下的比较分析可以帮助大学生开阔眼界，了解其他国家的"国家梦"，并从中汲取经验，以加强对中国梦的认同与信心。同时，与国家相关的战略策略也应成为理论教育的一部分，及时地将中国梦与国家发展的新观点和新理念相结合，以保障中国梦教育理论的完整性与发展性。这样的教育不仅有助于大学生在国际视野下审视中国梦，还能够加强对中国梦与国家发展战略的理解，为实现中国梦提供更为坚实的基础。

一、大学生的爱国主义情怀与中国梦实现

中国梦作为人民群众对祖国美好未来的向往，蕴含着深厚的情感与爱国主义情怀。大学生作为国家的未来和希望，其民族自尊心、自豪感的培育及社会责任感的塑造，是实现中国梦的重要环节。通过了解历史、激发自豪感和肩负社会责任，大学生将会更好地投身到中国梦的实现进程中。

中国梦所蕴含的爱国主义情怀，是大学生应当培育与践行的核心。爱国意识与行为相辅相成，而民族自尊心、自豪感则是培养爱国意识的基石。通过了解历史，回顾中华民族的辉煌历程，大学生可以增强对祖国的自尊心与自豪感，从而更加坚定地投身到中国梦的实现中。同时，近代史的教育也能够激发大学生对民族自尊心的认同，使他们在中国梦的实现过程中保持坚定的信心和决心。

而社会责任感的培育，则是大学生爱国主义情怀的关键所在。只有拥有强烈的社会责任感，大学生才能够自觉地将个人梦想与国家、社会的发展目标相结合，为中国梦的实现贡献力量。这需要大学生意识到中国梦与自身的密切关系，并主动地投身到中国梦的奋斗中去。通过社会实践、志愿活动等方式，大学生能够锻炼自己的社会责任感，培养为国家和社会贡献的意识，从而真正实现个人价值与国家发展的有机统一。

因此，培育大学生的爱国主义情怀与社会责任感是实现中国梦的关键所在。通过历史教育、民族自豪感的激发和社会责任感的塑造，大学生能够树立正确的世界观、人生观和价值观，积极为中国梦的实现贡献自己的力量。只有这样，中国梦才能真正成为每个中国人心中的信念和追求，中国才能实现长治久安、繁荣富强的美好未来。

二、大学生的理想信念与中国梦实现

大学生作为未来社会的栋梁，其理想信念的培育与中国梦的实现密不可分。理想信念教育的核心是使大学生形成符合社会发展的理想信念。在中国梦引领下，大学生的理想信念应当与国家理想、社会理想紧密相连，是一种精神追求与物质追求的统一，也是目标确立与奋斗过程的统一。

首先，大学生的个人理想应与中国梦相统一。中国梦并非简单的人数相加，而是对人民众多梦想的凝练与整合。因此，理想信念教育要引导大学生将中国梦内化为自己的个人理想，将国家的利益、集体的利益与个人的追求相统一，从而为中国梦的实现贡献力量。

其次，大学生的理想信念应统一物质追求与精神追求。中国梦既包含着物质追求，也包含着精神层次的升华。在理想信念教育中，需要让大学生明确物质追求与精神追求的内在统一性，不仅要关注物质生活的改善，更要注重精神文明建设，推动中国梦的全面实现。

最后，大学生的理想信念应统一目标确立与奋斗过程。中国梦的实现需要通过众多近期具体目标的实现来推进，而这些目标的实现又依赖于大学生的奋斗实践。理想信念教育要让大学生树立远大理想，同时脚踏实地地践行它，将理想目标转化为现实，推动中国梦的实现进程。

大学生的理想信念与中国梦实现密切相关。通过理想信念教育，引导大学生形成与中国梦相统一的个人理想，统一物质追求与精神追求，统一目标确立与奋斗过程，为中国梦的实现贡献力量，推动中国社会的发展进步。

三、大学生的实践能力教育与中国梦实现

中国梦作为一个美好的愿景，不仅是人民的集体憧憬，也是需要通过实践来实现的社会发展目标。在中国梦的实现过程中，大学生作为国家的未来和希望，承载着重要的责任和使命。因此，对大学生进行中国梦教育，必须紧密结合实践能力的培育，以激发其投身中国梦实践的热情与能力。

首先，大学生应明确其在中国梦实现实践中的主体地位。作为中国梦的主要力量，大学生需要意识到自己的重要性和责任。他们的个人理想和梦想与中国梦

密切相关，因此应该自觉将个人梦想与中国梦相统一，为中国梦的实现贡献力量。同时，大学生还应明白自己既是践行主体，也是价值主体，在实践中能够分享中国梦实现的成果与效益，增强主人翁意识，进一步激发实践能力。

其次，大学生的创新能力是推动中国梦实现的重要动力。创新是民族进步的灵魂，也是中华民族最深沉的民族禀赋。中国梦的实现需要源源不断的创新实践与成果。大学生处于精力旺盛、思想活跃的阶段，具有较强的创新能力和实践意愿。因此，教师应通过创新思维和创新能力的培育，引导大学生在实践中勤于思考、敢于冒险、不断创新，为中国梦的实现注入新的活力和动力。

最后，大学生需要通过坚强的意志力来克服困难，推动中国梦的实现。中国梦的实现是一项长期而艰巨的任务，其中充满了各种困难和挑战。在实践中，大学生必须具备坚强的意志力和持之以恒的毅力，才能克服重重困难，不断向前。因此，中国梦教育应当注重对大学生坚强意志力的培育，让他们明白中国梦的实现过程中，困难和挫折既是不可避免的，也是锻炼和提升自身能力的机会，只有以坚定的信念和毅力去战胜它们，才能实现中国梦的伟大目标。

培育大学生的实践能力是助力中国梦实现的重要途径。通过加强对大学生的实践能力培育，使他们在实现个人理想的同时，能够为中国梦的实现贡献力量，推动中国社会的发展进步。

第二节　思想政治理论课中的"四个自信"教育

一、"四个自信"融入思想政治理论课的必要性

在当前时代背景下，将"四个自信"融入思想政治理论课的必要性是不言而喻的。这种融合不仅是一种客观需求，更是对思想政治教育工作进行创新的必然要求，同时也是加强意识形态阵地建设的时代诉求。

首先，这种融合是引领思想政治教育的客观需求。习近平新时代中国特色社会主义思想是中国共产党的指导思想，是中国特色社会主义理论体系的重要组成部分。在当前经济社会发展的新时期，高校思想政治教育必须紧密围绕习近平新

时代中国特色社会主义思想这一指导思想，培养学生的道路自信、理论自信、制度自信、文化自信，引导他们树立正确的世界观、人生观、价值观，从而为中国特色社会主义事业的发展做出积极贡献。

其次，这种融合是创新思想政治教育工作的必然要求。创新思想政治教育工作需要立足于中国的历史文化传统、时代发展特点和国际形势变化，积极引导大学生深刻理解"四个自信"的内涵，树立起对中国特色社会主义道路、理论、制度和文化的自信。通过深入思想政治理论课程，帮助学生了解和认同中国特色社会主义的优势和特点，增强对中国梦的认同和信心，从而在未来的发展中能够自觉地为国家的繁荣和人民的幸福贡献力量。

最后，这种融合是加强意识形态阵地建设的时代诉求。当前，中国正处于社会主义初级阶段的关键时期，面临着复杂多变的国际国内形势和各种挑战和风险。在这样的时代背景下，加强高校意识形态阵地建设，引导大学生正确对待中国特色社会主义和西方不良思潮的影响，树立正确的世界观、人生观、价值观，对于巩固党的执政地位、保障国家长治久安具有重要意义。将"四个自信"融入思想政治理论课程，可以帮助大学生树立对中国特色社会主义的信仰，增强对西方意识形态的辨别和抵御能力，为中国特色社会主义事业的不断前进提供坚实的思想保障。

综上所述，这种融合不仅有利于引领思想政治教育，适应时代发展需求，也有助于创新思想政治教育工作，提升大学生的思想政治素质，同时也能够加强高校意识形态阵地建设，促进国家意识形态安全和社会稳定。因此，各级教育部门应加强对思想政治理论课程的管理和指导，确保"四个自信"在教育实践中得到有效贯彻和落实。

二、"四个自信"融入思想政治理论课的基本原则

"思想政治理论课是落实立德树人根本任务的关键课程"①。为了更好地推进"四个自信"融入思想政治理论课，必须遵循理论灌输与实践教育相结合的原则、

---

① 肖潇. 思想政治理论课教学评价的价值取向 [J]. 湖北第二师范学院学报，2023，40（1）：1-6.

同一性和差异性相结合的原则、显性教育与隐性教育相结合的原则、教育与自我教育相结合的原则,以实现"四个自信"稳步、有序的融入。

(一) 理论灌输与实践教育相结合原则

思想政治教育的主要方式之一是理论教育,通过对党的理论和国家政策的灌输,引导学生树立正确的世界观、人生观、价值观。在当前的实际情况下,尤其是当代大学生独立性和个性增强,单纯的理论灌输往往无法达到最佳的教育效果。因此,将理论教育与实践教育相结合成为必然选择,特别是在融入"四个自信"的教育中,这种结合更加重要和必要。

理论与实践相结合的原则在于通过实践体验来增强大学生对"四个自信"的学习理解和认同感。在课堂上,教育者可以通过讲解党的理论和国家政策,使学生了解"四个自信"的内涵、特征和价值。然而,这种理论知识的传授往往还不足以使学生深刻理解和认同"四个自信"的理论。因此,需要将理论教育与实践教育结合起来,使学生能够在实践中切身体会"四个自信"的重要性和价值。

通过组织学生走出校园,参与各种社会实践活动,让他们亲身感受中国特色社会主义道路的成就和优势,了解中国昨天的艰辛、今天的成就和明天的期许。在这样的实践中,学生能够更加直观地感受到"四个自信"的独特魅力,理解为什么要坚定这样的信念。通过实践教育,学生可以将抽象的理论与自己的生活经验相结合,形成对"四个自信"的深入认识和坚定信仰。

只有将理论教育和实践教育相结合,才能够使大学生对"四个自信"产生具体、形象的认知,将其内化为自己的政治信仰,并在实际生活中付诸行动。这种结合不仅能够增强大学生的思想政治素质,还能够培养他们的实践能力和创新精神,为国家的长治久安和民族的复兴贡献力量。因此,将"四个自信"融入思想政治理论课的原则之一就是要将理论灌输与实践教育相结合,使教育效果最大化,实现思想政治教育的最终目标。

(二) 同一性与差异性相结合原则

将"四个自信"融入大学生思想政治教育需要努力确保每一位学生都能够深刻掌握"四个自信"的内涵及其价值,使其在心中坚定这一信念。然而,大学生群体的思想观念、价值观念、生活方式呈现出多样化的特点，这就导致了学生之间存在差异性。

在融入"四个自信"的思想政治教育中，同一性与差异性相结合的原则尤为重要。

首先，教育者应该深入了解大学生的思想特点，分层次进行教育，根据学生的思想情况和实际需求制订相应的教育方案。教育过程中要循序渐进，不能盲目追求速度而忽视教育的质量。

其次，针对不同层次的学生，应统筹规划，采取最适合他们的教育手段和方法，以充分发挥每一位学生的潜能，满足中国特色社会主义事业对人才的需求。

最后，构建良好的教育环境和轻松的氛围对于提高学生的自主性和思想政治教育的时效性至关重要。

（三）显性教育与隐性教育相结合原则

将显性教育与隐性教育相结合是提高思想政治教育实效性的关键之一，对于将"四个自信"融入大学生思想政治教育来说，这一原则更是至关重要的。显性教育作为一种有组织、有计划、目标明确的外显方式，主要通过课堂教学和实践教学等形式向学生传授"四个自信"的相关理论知识，直接将其灌输到学生的心中。而隐性教育则更多地隐含在学生学习和生活的环境氛围中，通过社会、校园、网络等环境的潜移默化影响学生的思想行为。

在将"四个自信"融入大学生思想政治教育的过程中，显性教育起着至关重要的作用。通过课堂教学，教师可以系统地向学生介绍"四个自信"的内涵、特点及其在中国特色社会主义实践中的重要意义，引导学生深刻理解和领会。同时，实践教学也是显性教育的重要组成部分，通过实践活动，学生能够更加直观地感受到"四个自信"的实践意义，从而加深对其的认识和理解。

然而，单纯依靠显性教育往往难以达到最佳的教育效果。隐性教育的作用则在于通过各种环境氛围的渗透，对学生进行潜移默化的教育。例如，校园文化、社会氛围等都可以成为隐性教育的主体，通过校园文化建设和社会主义核心价值观的宣传，可以在潜移默化中培养学生的"四个自信"。此外，网络环境也是重要的隐性教育载体，通过网络宣传和舆论引导，可以影响学生的思想观念和价值取向。

因此，将显性教育与隐性教育相结合，让二者相互协调、相互补充、相互促进，是提高思想政治教育实效性的有效途径。只有在显性教育和隐性教育的共同作用下，才能更好地将"四个自信"融入大学生思想政治教育中，达到教育的最终目标。

（四）教育与自我教育相结合原则

教育与自我教育相结合的原则实质上是在教育过程中实现价值引导与自我构建的有机统一。尤其在大学生思想政治教育中，强调主动学习和自我觉醒是至关重要的。相较于被动接受信息和知识，大学生更倾向于通过自我认知和自我调节来完善自身，这意味着教育者需要注重激发大学生的内在需求，引导他们进行自我教育，以提高教育的实效性。

将"四个自信"融入大学生思想政治教育的关键在于将教育者的期待转化为大学生内在的学习动力和自觉信念。教育者应该通过各种途径和形式，激发大学生对"四个自信"的自我培养意识，帮助他们养成自我教育的良好习惯。例如，可以充分发挥各种社团组织的作用，通过组织辩论赛、知识竞赛等活动，引导大学生在积极参与的过程中自我反思和自我教育，从而培养他们的思想品德和价值观念。

在这一过程中，教育者的角色不再局限于知识的传授者，更应成为学生的引导者和启发者。通过与学生进行密切的互动和沟通，教育者可以更好地了解学生的思想动态和需求，从而更有针对性地引导他们进行自我教育。同时，教育者还应该给予学生足够的自主权和自主空间，鼓励他们勇于表达和探索，从而培养他们的自信心和创新精神。

总之，教育与自我教育相结合的原则体现了思想政治教育的先进性和实践性。只有在教育者与学生之间建立起真诚、平等的互动关系，才能够实现教育的最终目标，引导大学生树立正确的世界观、人生观和价值观，为实现中国梦做出积极贡献。

三、"四个自信"融入思想政治理论课的内容体系

将"四个自信"融入大学生思想政治教育当中是一个从理论到实践，再从实

践到理论的相互影响的过程，是一种全方位多维度的融入，并不是将两种对象进行一种简单拼接或者外在嫁接，而是一种内在的具有活性与向前发展的潜能的相互融合。因此，将"四个自信"融入思想政治教育当中并不是任其无秩序地混合，而是具有内在逻辑的全面性的渗透。要明确"四个自信"作为一个有机统一体融入大学生思想政治教育不能够停留在形式层面，不是简单将道路自信、理论自信、制度自信、文化自信的理论空洞呈现，而是要领会其深入的内涵，整合其融入的内容体系，以确保融入的实效性。

（一）共产主义理想为核心

"四个自信"融入思想政治理论课的关键在于以共产主义理想为核心。这一理念的实践不仅是对"四个自信"的有力诠释，更是对共产主义远大理想信念的必然追求。在中国特色社会主义的伟大实践中，"四个自信"所体现的道路自信、理论自信、制度自信、文化自信，无一不是在中国共产党的领导下、在中国特色社会主义的实践中不断积累的成果。而中国共产党的努力始终以共产主义理想为核心目标。共产主义并非空想，而是一种强大的精神力量。我们必须以共产主义理想为终极目标，坚定理想信念，将其内化为行动的指引。

然而，当前社会中盛行着实用主义的风气，部分大学生对共产主义理想信念持怀疑态度，认为其是一种"乌托邦主义"，是虚无缥缈的东西。实际上，这种现象在一定程度上受到社会主义市场经济进步的推动。尽管市场经济的发展推动了中国社会的快速发展，但在享受其发展成果的同时，我们也必须警惕其可能带来的负面影响。市场经济的过度崇尚功利主义和金钱至上，容易扭曲大学生的价值观念，使他们逐渐丧失对共产主义理想的信仰。因此，思想政治理论课应以共产主义理想为核心，努力消除大学生对共产主义理想的错误认识，引导他们树立正确的信仰和价值观，坚定追求共产主义理想的决心。

在教育大学生中，重要的不仅是传授知识，更重要的是引导他们树立正确的人生观、价值观和理想信念。因此，"四个自信"融入思想政治理论课的核心任务就是帮助大学生树立共产主义理想信念，消除他们在信仰、价值观、理想追求等方面的错误认识。只有这样，大学生才能够筑牢思想根基，为实现中华民族的伟大复兴矢志奋斗。

（二）爱国主义为重点

爱国主义是中华民族的精神支柱，也是我们不断前行的永恒主题。历史上，中华民族在追求独立、解放和现代化建设的过程中，始终秉持着爱国主义精神，团结一心、勇往直前。在当代中国，爱国主义精神体现在对中国特色社会主义的自尊、自信和自豪上。"四个自信"恰如其分地凝聚了中国特色社会主义未来的信心和对国家发展道路的自信，具有鲜明的爱国主义色彩。因此，将"四个自信"融入大学生思想政治教育，必须将深沉的民族情感和爱国主义理念融入每一位大学生的心灵深处。

然而，爱国主义不仅是一种口号或形式，而是一种实践指导的理想信念。它不仅在国家危难之时发挥作用，也在社会和谐稳定的发展中具有重要意义。在当今世界，在经济全球化和政治多极化趋势下，大学生面临着各种社会思潮的冲击，他们的世界观、人生观和价值观正在形成的关键时期，很容易受到外来不良思潮的影响，从而淡化了爱国主义意识。"四个自信"融入大学生思想政治教育，着重培养大学生的文化认同感、民族自豪感和国家归属感，引导他们确立努力奋斗的目标，坚定他们的理想信念。爱国主义不仅是大学生思想政治教育的重要内容，也是"四个自信"融入大学生思想政治教育的重点内容。

因此，大学生思想政治教育不能仅停留在理论知识的灌输上，更应该注重培养学生的爱国主义情感。只有通过爱国主义精神的内化，大学生才能真正明确自己的社会责任和历史使命，更好地服务于国家、民族和社会的发展。在实践中，我们应该通过多种方式，包括课堂教学、社会实践、校园文化建设等，引导学生深入了解国家的发展历程和取得的成就，增强他们对祖国的认同和热爱，从而激发出强烈的爱国主义情感。这样，才能真正实现"四个自信"融入大学生思想政治教育的目标，让爱国主义成为每一位大学生心中不可或缺的精神支柱。

（三）服务人民为目标

全心全意为人民服务是中国共产党的根本宗旨，这一宗旨贯穿了党的全部历史。马克思在青年时期就立下了远大志向，表示要为人民幸福而不懈奋斗。自党成立以来，历代领导人都把人民的利益放在第一位，将全心全意为人民服务确立为党的根本宗旨。党的一切工作都以人民的利益为出发点和落脚点，这是党始终坚持的原则。

在中国特色社会主义新时代的背景下，"四个自信"不仅是对中国特色社会主义道路、理论、制度和文化的自信，更是对党的全心全意为人民服务宗旨的自信。将"四个自信"融入大学生思想政治教育，旨在引导大学生了解中国特色社会主义的发展历程，深刻领悟党全心全意为人民服务的宗旨。通过对中国共产党在各个时期为人民谋幸福的实践进行深入了解，引导大学生将个人理想与国家发展、民族命运紧密联系在一起，坚定以人民为中心的根本立场，以实际行动践行为人民谋幸福的使命。

在未来的工作中，大学生应立足于自身的工作岗位，全心全意为人民服务，做好本职工作。要以积极的心态去面对生活中的挑战和困难，不断提升自己的综合素质和专业能力，为实现国家富强、民族复兴、人民幸福做出积极的贡献。在实现个人人生价值的同时，牢记历史使命，肩负起时代赋予的重任，为实现中华民族伟大复兴的中国梦而努力奋斗。

（四）　知行合一为归宿

将"四个自信"融入大学生思想政治教育的归宿是知与行的统一。实践原则是思想政治教育的重要原则之一，马克思始终强调理论最终要与实践相结合，要与自己时代的现实世界相结合。实践是大学生同社会环境相融合、同客观事物相互作用的连接纽带，也是思想政治教育的重要环节，思想政治教育传输给大学生的知识和理论最终都要落实到实践上。

知是行的开始，以知为指导的行为才能够行之有效，脱离了知的行为是盲目的，通过行为来检验的知才能够称为"真知"，脱离了行的知则是空知。正确的知能引导大学生正确的行为，将"四个自信"融入大学生思想政治教育是以"四个自信"这一"真知"来坚定大学生政治信仰、抵抗不良思想的侵蚀，指导大学生的实践行为，引导大学生在"行"中践行"真知"，最终达到"知行合一"。大学生是构筑社会主义美好蓝图的生力军，引导其坚定"四个自信"，并且在实践中做到"知行合一"，才是"四个自信"融入大学生思想政治教育的归宿。

第三节　社会主义核心价值观教育

一、社会主义核心价值观的发展尺度与体现

在中国特色社会主义探索和改革中，确立了社会改革和发展的基本价值遵循。客观上，我们不断发展和完善中国特色社会主义也需要比较成熟的、确定的社会主义核心价值观。而培育和完成这样的核心价值观要充分运用积极的方式推动主体逐步认同，也要克服各种阻抗因素，在实践中建构社会主义核心价值观，这需要经过一个很长的时期。在社会主义核心价值观理论与实践交互作用的过程中，我们需要确立培育和发展的核心理念、基本尺度，需要不断地检视、反思、评价、改革、重建社会主义核心价值观。

（一）社会主义核心价值观的发展尺度

对某一对象认知、评判的不同维度取决于对象的属性，由于对象客体具有多维属性，人们的认知、评判就会产生多个维度。从不同维度进行的评判都有一定的合理性，但这些评判维度在整个评价体系中的地位却不同，有根本方面和非根本方面，有主要方面和非主要方面。当前人们对社会主义核心价值观评价就存在这种现象。从生产力发展、社会进步的维度审视，可以得出积极的评价结果；用西方价值标准评判当代中国价值观，可以得出消极的评价结果；从道德维度进行的反思、评价，既有肯定性评价也有否定性评价。

1. 社会主义核心价值观发展的根本尺度——发展生产力

生产力是评价社会发展的根本尺度。在生产力和生产关系的矛盾运动中，生产力是主导性的、革命性的、最活跃的因素，生产力决定生产关系，进而决定整个社会关系的基本状况。生产力是社会发展的最终决定力量，生产力发展的状况是社会发展的根本尺度，任何一个社会要素存在的价值和根据最终要看是否有利于生产力的发展，社会主义核心价值观的培育和发展的评价尺度根本上也是生产力的发展。

生产力发展是人生存、生活、发展的基础，也是形成积极的思想意识、价值观的前提。人们的第一个历史活动就是生产物质生活本身，这是他们能够生活的前提，能够创造历史的前提。社会主义核心价值观培育和发展的主体是人，其最终目的是人的自由而全面的发展，而人的存在和发展的基础就是生产力的充分发展。生产力的发展能够创造更多的物质财富，拓宽人交往的程度和普遍性，为人的发展提供更多的可以自由支配的时间，而时间是人发展的空间。

2. 社会主义核心价值观发展的首要尺度——社会秩序

保持稳定而又富有活力的社会秩序是社会存在和发展的前提。社会秩序指向公共领域的社会合作、社会关系和个人的社会行为，蕴含人们对合理的社会交往关系、社会规范和利益关系的诉求，因而人们往往将其作为评价社会价值观、社会行为和社会制度及其结果的重要价值尺度。社会文明发展要求改善交往关系，实现社会平等，塑造良性社会秩序。在所有的影响社会秩序的因素中，社会价值观，特别是核心价值观的培育非常重要。社会秩序是社会主义核心价值观培育的首要尺度。

准确理解良性社会秩序。社会秩序是有规则的社会状态。良性社会秩序是社会发展的内在要求，也是社会主义核心价值观的评价尺度，在建构社会秩序、评判社会主义核心价值观的培育和发展时，必须准确把握和理解良性社会秩序。

凝聚社会共识，形成社会合力。个人的意志和诉求之间的冲突最根本的是利益对立，最核心的是价值观的冲突，但价值共识可以增强社会共识，消解、弱化利益对立，形成社会发展合力。价值观是协调社会各个阶层相互关系的灵魂和基本准则，也是一个社会具有凝聚力和向心力的重要源泉。当代中国正处于社会层次化、价值多样化、利益多元化的社会变局中，发展中的矛盾和问题逐渐集中凸显并显现出尖锐化、激烈化的态势，各种社会矛盾的结点、人民群众的强烈诉求聚焦于这一变革的时代。

当代中国改革的过程也是人们思想观念、价值理想变化的过程。中国社会发展进入新常态，社会阶层结构出现剧烈变动，社会分化形成不同阶层和利益群体，各阶层、不同利益群体基于各种利益诉求形成不同力量，各种力量在利益分配关系中的博弈使得社会矛盾增加，各种力量的冲突会消解社会发展的动力。利益追求矛盾的背后是价值观冲突。利益的分化、动力的弱化可以通过社会制度加以规范和引导，但要想真正消解社会结构各要素、社会各阶层的根本矛盾，增强社会发展合力，还需要建构社会主义核心价值观，发挥主流价值观的作用。社会主义核心价值观具有引导人们的活动方向、凝聚人们的精神力量、激励人们的实践动力、规范人们的价值取向、整合人们的观念分歧的功能。所以，社会主义核心价值观的培育和发展要注重增强价值认同、形成价值共识、营造社会秩序的作用。

（二）社会主义核心价值观的发展体现

1. 国家价值层面

实现富强目标是社会主义核心价值观在国家价值层面创新发展的首要任务。富强不仅是经济发展的追求，更是国家整体实力的体现，是中华民族实现伟大复兴的基石。国家的富强目标首先体现在经济的强大，经济的增长为人民提供了物质基础，使得人民生活水平不断提高。然而，富强不局限于经济领域，还包括国家政治的稳定、文化的繁荣、社会的和谐及生态环境的保护。只有综合发展各个领域，才能真正实现国家的富强目标。

文明价值的追求是社会主义核心价值观在国家价值层面创新发展的重要内容。文明不仅是精神文明，更是物质文明与精神文明的统一。一个国家的文明程度直接关系到国家的软实力和国际竞争力。因此，我们不仅要在科技、教育等方面不断创新，提高物质文明水平，更要注重道德、伦理、文化等方面的提升，提高精神文明水平，形成文明的社会风尚，塑造良好的国家形象。

构建和谐社会是社会主义核心价值观在国家价值层面创新发展的关键所在。和谐是中国传统文化中的核心理念之一，也是社会主义核心价值观的重要内涵之一。和谐社会不仅是人与自然的和谐相处，更是人与人之间关系的和谐相处。要构建和谐社会，就需要不断完善社会制度，保障人民的权益，促进社会公平公正；同时，还需要加强人的精神文化建设，培育社会主义核心价值观，引导人们正确处理人际关系，形成和谐的社会氛围。

2. 社会价值层面

追求自由价值理念是社会主义核心价值观在社会价值层面的重要发展内容之

一。在社会主义制度下，真正的自由不是空洞的口号，而是建立在公有制基础上的全面自由。在经济建设和改革开放过程中，我国取得了巨大的成就，人民的生活水平不断提高，精神世界得到了丰富和充实，这为人民提供了更高层次的自由。在实现国家富强的同时，我们也在不断追求每个公民自由而全面的发展，最终实现共产主义的崇高目标。

遵循平等原则是社会主义核心价值观在社会价值层面的又一重要体现。平等的实现不仅意味着每个公民在法律面前一视同仁，更意味着在社会发展的各个领域中，每个人都有平等的机会和权利。公有制经济保障了每个公民的平等就业机会，人民代表大会制度保证了每个公民在政治生活中的平等地位，这些都是我们社会主义制度的优势所在。在社会主义市场经济中，平等的经济政策能够维护市场秩序，促进社会公平和谐发展，使每个人都能够享受到平等的经济权利和机会。平等是促进社会稳定、和谐发展的重要保障，只有实现了平等，才能够建立稳定的社会秩序，促进人际关系的和谐发展。

公平天下，以正治国是社会主义核心价值观在社会价值层面的又一重要体现。在中国共产党的领导下，我们始终坚持立党为公、执政为民的原则，积极推动社会公平正义的实现。通过建立社会主义公有制，推进改革开放，建立物质基础和制度基础，这是实现社会公平正义的重要保障。同时，我们还要建立平等的法治社会，依法治国，消除社会不平等和阶级压迫，实现人民当家做主的目标。只有在法治社会的基础上，才能够消除不平等现象，实现社会的公平正义，推动国家社会主义事业不断向前发展。

3. 个人价值层面

工作敬业是社会主义核心价值观在个人价值层面的重要发展内容之一。劳动作为创造社会价值和个人价值的重要途径，在历史长河中一直扮演着重要角色。从远古时期的食物获取到封建社会的自耕农经济，再到现代社会的多元化劳动形式，劳动始终是人类生活的重要组成部分。而在当下社会转型的大背景下，我们赋予了劳动新的内涵——敬业。敬业不仅意味着对工作的热爱和尊重，更体现在全身心投入、勤勉创新、乐于奉献的态度上。只有在这样的态度下，我们才能够创造更多的价值，提升自我，推动社会的进步与发展。

工作敬业不仅是对自己的责任，更是对整个社会的责任。在小部门中，每个人的努力工作都会直接影响到整个系统的运行效率，只有每个人都全力以赴，才能确保整个部门的顺利运行。在整个公司范围内，每个员工的勤奋工作不仅会提高公司的效率，也会为公司创造更多的价值，推动公司的发展壮大。因此，工作敬业不仅是个人职业素养的表现，更是社会发展的动力之一。

诚信待人是社会主义核心价值观在个人价值层面的又一重要体现。诚信作为中华民族传统美德，一直贯穿我们生活的始终。在社会经济、政治、文化各个方面，诚信都起着不可或缺的作用。在个人层面，诚信不仅是待人处事的基本准则，也是衡量一个人品行的重要尺度。诚信是建立人际关系的基础，是企业生存发展的根本，更是国家政治文明程度和国际地位的关键。只有真诚地对待他人，才能够建立起良好的人际关系，推动社会的和谐发展。

善待他人是社会主义核心价值观在个人价值层面的又一重要体现。友善不仅是处理人际关系的基本准则，更是一个人道德修养的集中体现。在社会急剧转型的今天，友善更是我们所需要的。友善不仅包含了尊重他人、理解他人、善待他人等内容，更体现在对社会的积极贡献和对他人的关爱上。只有通过友善的行为，才能够促进社会的和谐发展，推动整个社会朝着更加美好的方向前进。

二、社会主义核心价值观教育的意义与路径

作为社会主义核心价值体系的内核，社会主义核心价值观将我国人民普遍遵循的道德规范与马克思主义基本原理深度融合，从国家、社会、个人三个层面科学构建了价值理念，其丰富的内涵为我国思想政治教育提供了育人资源和有力保障。我国思想政治教育必须根植于社会主义核心价值观，通过秉持高度抓重点、挖掘深度强重心、永葆温度担重任等路径，深入理解并吸收社会主义核心价值观的精髓，教育引导学生扣好人生的"第一粒扣子"，促进我国思想政治教育事业取得新发展。

（一）开展社会主义核心价值观教育的重要意义

1. 实现我国高等教育培养目标的需要

实现我国高等教育培养目标的需要，是当前高校教育的紧迫任务。在中国的教育体系中，立德树人一直被视为教育的根本任务，而高等教育在这方面尤为重

要。随着我国由高速发展向高质量发展的转变，高校承担着培养人才、传承文化、推动社会进步的重要使命。

在我国高等教育培养目标中，对大学生个人品德、内在信念和信仰等道德方面的要求是排在第一位的。这是因为，一个人的品德和信念决定了其行为举止和价值取向，对于一个国家、一个社会的发展具有重要的影响。然而，当前社会上的热点思潮此起彼伏，部分大学生的思想观念和价值取向很容易受到外部干扰和影响。特别是在中西方文化交流碰撞的背景下，一些青年大学生对中华传统文化的理解和认同出现了偏差，甚至出现了价值观的混乱和退化现象。

因此，高校作为意识形态教育的前沿阵地，必须守住底线，通过大力弘扬社会主义核心价值观，引导学生树立正确的思想观念和价值取向。

（1）高校应该引导学生在面对复杂的社会问题时要理性判断、正确抉择。这需要高校通过课堂教育、校园文化建设等方面，向学生灌输正确的道德观念和价值判断标准，使他们能够在社会生活中保持清醒的头脑和正确的行为准则。

（2）高校应该培养学生的社会责任感，让他们明白自己作为一名大学生所承担的社会责任。在现代社会，每个人都应该为国家、为人民服务，为社会的进步和发展贡献自己的力量。高校可以通过开展志愿活动、社会实践等方式，引导学生关注社会问题，参与社会公益事业，培养他们的社会责任感和使命感。

（3）高校应该培养学生的优秀品质和创新精神。这包括吃苦在前、享乐在后的品质，以及敢于探索、勇于实践的创新精神。只有具备了这些优秀品质，学生才能在未来的社会竞争中脱颖而出，成为国家、社会的栋梁之材。

2. **发挥社会主义核心价值观引领作用的需要**

发挥社会主义核心价值观引领作用的需要是当代社会发展的重要课题。随着社会的快速变革和不断发展，人们的思想观念也在不断更新和转变，这就需要在教育领域充分发挥社会主义核心价值观的引领作用，引导人们树立正确的价值观念，从而推动社会向更加积极向上的方向发展。

当代大学生具有一定的理论基础和较高的思想道德水平，是社会发展的重要力量。因此，高校开展社会主义核心价值观教育就显得尤为重要。通过有序推进社会主义核心价值观进教材、进课堂，不断完善思想政治理论课教育方式，可以有效拓宽思想政治理论课灌输渠道，积极地弘扬和开展社会主义核心价值观教育。这种教育方式不仅能够让学生接受到更多的社会主义核心价值观的知识，还可以在实践中帮助学生理解和内化这些价值观，从而引导他们在日常生活中树立正确的道德观念和行为准则。

而在优化大学生思想政治教育方式方法的过程中，高校更应侧重指导学生进行价值实践。只有通过实践，学生才能真正领悟到社会主义核心价值观的内涵和意义，从而将其转化为自己的行动准则。这种实践教育不仅可以让学生学以致用，更能够让他们逐渐形成正确的人生观、价值观和世界观，从而成为社会主义事业的坚定支持者和推动者。

因此，社会主义核心价值观教育与大学生思想政治教育的有机融合，能够大大提升社会主义核心价值观教育的引领作用。只有通过这种有机融合，才能够真正实现社会主义核心价值观在大学生中的深入传播和有效引导，为建设社会主义现代化国家和实现中华民族伟大复兴的中国梦提供坚实的思想基础和人才支撑。

3. 提升新时代大学生思想境界的需要

提升新时代大学生思想境界是当前高校思想政治教育工作的紧迫任务。在当代社会，社会主义核心价值观蕴含着丰富的新时代特质，为青年大学生思想道德的培育树立了价值标杆。因此，将社会主义核心价值观有机融入高校思想政治教育工作，是提升大学生思想境界、促进其全面发展的关键举措。

（1）高校社会主义核心价值观教育有助于推动大学生构建科学的世界观及价值观。在现代社会，知识爆炸、信息泛滥，大学生往往面临着各种各样的思想迷茫和困惑。而社会主义核心价值观作为一种科学的、符合时代发展需求的价值体系，能够为大学生提供清晰的认识框架和价值取向，引导他们正确看待人生、认识世界，从而树立正确的世界观和人生观。

（2）社会主义核心价值观教育能够激发大学生内在的爱国主义情怀。作为新时代的青年，大学生肩负着祖国和民族的未来重任。通过社会主义核心价值观的教育，可以引导大学生深刻理解和热爱祖国，培养他们勇于担当、敢于奋斗的爱国精神，从而在实现个人价值的同时，积极投身到中国特色社会主义事业中去。

（3）社会主义核心价值观教育有助于帮助大学生理性地认识理想与现实的矛盾，合理处理各种人际关系。现实社会充满着竞争和挑战，大学生往往面临着理想与现实之间的矛盾和冲突。通过社会主义核心价值观的教育，可以引导大学生正确认识人生的价值和意义，树立正确的人生观和人生目标，同时教导他们如何在现实生活中保持理性、包容和宽容，与他人和谐相处，健康成长。

（二）开展社会主义核心价值观教育的有效路径

社会主义核心价值观作为引领新时代迈向新征程的一面旗帜，为高校思想政治教育提供了方向的指引和价值的遵循。因此，深入探讨高校社会主义核心价值观教育的"三重"有效路径，是时代赋予思想政治教育的新课题，更是坚守我国思想政治教育初心不改、矢志不渝的最直接体现。

1. 秉持高度，抓牢重点

教育学生要爱党、爱国、爱人民，是当前高校教育的迫切任务。在大学阶段，学生的思想观念和价值取向正在塑造中，因此抓好这个时期的价值观养成至关重要。教育学生秉持"爱党、爱国、爱人民"的正确理念，是培养新时代青年的重要任务之一。

（1）高校可以通过历史教育，引导学生深刻认识到"爱党、爱国、爱人民"的重要性。历史是最好的教师，通过开展多样化的宣传与实践活动，如"信仰公开课""经典咏流传""重走长征路"等，带领学生回顾中国共产党领导中国人民创造的伟大历程。通过学习历史，学生可以意识到正是因为一代代共产党人团结带领中国人民努力奋斗，才创造了今天一个又一个彪炳史册的人间奇迹。高校要教育引导学生深刻认识到伟大成就来之不易，要大力弘扬伟大的劳模精神、工匠精神，始终坚持"爱党、爱国、爱人民"的初心，践行"我与祖国共成长"的使命，书写新时代青年的荣光。

（2）高校应该引导学生坚定"崇高理想"的伟大信念。中国共产党自成立之日起就把"共产主义"作为自己的远大理想和崇高追求。在新时代，大学生有幸成为"两个一百年"奋斗目标的见证者和参与者，更应该秉持"崇高理想"的伟大信念，为祖国的建设、人民的幸福安康尽自己的最大力量。高校可以通过"新征程再出发"实践活动、"厉害了，我的国"主题演讲、"唱响校园"红歌赛等特色教育引导学生紧跟时代步伐，更加紧密地团结在以习近平同志为核心的党中央周围，全面贯彻习近平新时代中国特色社会主义思想，坚定"四个自信"、做到"两个维护"。通过这些活动，学生可以更好地了解祖国的发展进步，坚定理想信念，为实现中国梦而努力奋斗。

2. 挖掘深度，强化重心

带领学生深入学习马克思主义，坚定马克思主义信仰，是当前高校思想政治教育的当务之急。在新时代，高校思想政治教育工作者应该采取有效的方式和方法，引导学生深刻理解和坚定信仰马克思主义，从而在实践中贯彻马克思主义的精神，为实现中国梦、民族复兴贡献力量。

（1）明其理，得其道，真懂是基础。高校思想政治教育工作者应通过带领学生读原著、品原文，让他们深刻认识并理解马克思主义的科学社会主义理论，加深对党执政规律、社会发展及建设规律的认识。同时，要引导学生深刻领悟习近平新时代中国特色社会主义思想的科学内涵，理解中国共产党为什么能、中国特色社会主义为什么好的道理，使学生真正懂得马克思主义的精髓。

（2）心中有信仰，脚下有力量，真信是关键。真信能够把马克思主义思想转化为一种内在信仰。在对新时代青年进行思想教育过程中，高校应注重运用灌输和启发相结合的方式，讲述时政"小故事"，并通过比较和分析清晰阐明道理，激发学生对马克思主义中国化理论创新和中国特色社会主义实践的热情。同时，要利用文化浸润、基地考察等方式，让学生对中国近现代历史文化有正确的认识，激起他们为祖国和人民服务的决心。

（3）为学之实，固在践履，真行是根本。在中国特色社会主义进入新时代的背景下，高校思政教育工作者应引导学生积极投身到中国式现代化建设中去实现抱负，同时支持他们深入基层实践，用马克思主义理论指导实践，解决实际问题。此外，还要引导学生正确认识中国发展大势，努力使个人奋斗与中华民族复兴、世界和平发展同向同行。

3. 永葆温度，勇担重任

培养学生做中国特色社会主义事业的建设者与接班人，是当前思政教育的首要任务。思政教师作为这一过程中的重要引领者和实践者，需要从自身做起，不断提升政治意识和教育水平，以更高的标准和更严的要求，引导学生走向未来，成为时代的接班人和建设者。

（1）思政教师要强化自身的政治意识，将马克思主义信仰、社会主义和共产主义的信念内化于心、外化于行。这意味着思政教师需要不断提升自己的理论水平和思想觉悟，通过理论研究和创新，加深对意识形态建设基本规律的认识，增强社会主义主流意识形态的统领力。同时，思政教师要坚决抵制错误言论和行为，在关键时刻敢于站出来，用理论武装学生，做到言传身教，成为学生的榜样和引路人。

（2）思政教师要坚定自己的政治立场，"在马信马，在马言马"。这意味着思政教师需要不断加强自身的学习，通过各种途径获取新知识、新观念，提高自己的政治觉悟和马克思主义理论水平。同时，思政教师要将理论与实践相结合，以身作则，用自己的言行影响学生，使他们坚定理想信念，树立正确的世界观和人生观。

（3）思政教师要恪守政治本色，时刻铭记为党育人、为国育才的初心。这意味着思政教师要以高度的责任感和使命感，全心全意投入教育事业中，努力做到以文育人、以德育人，培养德智体美全面发展的社会主义建设者和接班人。同时，思政教师要保持温度，用爱心和耐心对待每一位学生，关心他们的成长，引导他们树立正确的人生目标和价值观，成为德才兼备、有担当、有情怀的时代新人。

第四节　中国特色社会主义制度认同教育

"如何将道理既有深度又有广度地呈现出来，增强思想政治理论课课程的实效性与感召力，是新时代讲好思想政治理论课的关键所在。"① 中国特色社会主义制度认同教育内容，是根据时代要求并结合受教育者思维结构和行为习惯，经过教育者选择、设计并传递给受教育者的信息集合。通过整合中国特色社会主义制度认同教育内容，回答中国特色社会主义制度何以为人们所认同的问题，为后续研究如何具体践行中国特色社会主义制度认同教育奠定基础。理论内容是目标

---

① 黄宇欢，张永刚. 思想政治理论课把道理讲好的四重基点 [J]. 广东教育，2023（24）：59-63，68.

体系的具体化，中国特色社会主义制度认同教育目标决定了制度认同教育内容主要包括中国特色社会主义制度理论认同教育、实践认同教育、优势认同教育、价值认同教育。其中，理论认同教育指出了制度认同教育的科学依据，实践认同教育突出了制度认同教育的事实根基，优势认同教育强调了制度认同教育的中心特质，价值认同教育反映了制度认同教育的内在意蕴，这四部分内容相互联系、相互融合、相辅相成，在教育过程的融会贯通中巩固并深化中国特色社会主义制度认同。

一、中国特色社会主义制度的理论认同教育

理论知识只有转化为实践成果，成为指导人们能动改造客观世界的现实力量，才能实现其价值归宿，而实现转化的前提是要使人民群众认识、理解并认同这一理论。从系统论视角出发，剖析中国特色社会主义制度理论，阐述中国特色社会主义制度的内在结构要素即社会制度及社会制度内部的各类制度组成，分析中国特色社会主义制度的外在关联要素即中国特色社会主义道路、中国特色社会主义理论体系、中国特色社会主义文化与中国特色社会主义制度的关系，把握中国特色社会主义制度的系统功能，与时俱进学习新时代中国制度的理论创新，是全方位、多层次把握中国特色社会主义制度理论的必然要义。

（一）内在结构

要准确理解中国特色社会主义制度的内在结构，首先需要从两个重要角度进行分析和把握：社会形态和社会结构。这两个角度能够全面而深入地揭示中国特色社会主义制度的组成要素及其内在关系。

从社会形态角度看，中国特色社会主义制度是在马克思主义关于社会形态发展的理论框架下形成的。根据马克思主义社会形态理论，社会主义是共产主义社会发展的第一个阶段，而社会主义初级阶段则是实现共产主义的起点和必经阶段。邓小平在提出社会主义初级阶段理论时指出，我国正处于这样一个特定的历史时期，这一阶段的制度不可能是完善的、发达的，而是需要不断改革和完善的。因此，我们应当从历史唯物主义的角度来看待中国特色社会主义制度，理解其作为社会主义发展的一个必然阶段，并在此基础上进行不断的探索和实践，以

适应时代的发展和社会的变迁。

从社会结构的角度来看，中国特色社会主义制度是在中国特殊的社会结构条件下形成的。这一制度体系由根本制度、基本制度和重要制度三个部分组成。根本制度是中国特色社会主义制度的核心，体现了制度的本质和根基，对其他制度具有决定性作用。基本制度则是在根本制度的基础上，体现了科学社会主义的基本原则和中国特色社会主义的基本理念，是整个制度体系运行的基础。而重要制度则是在根本制度和基本制度的指导下形成的，具体包括经济体制、政治体制、文化体制、社会体制、生态文明体制等，是制度体系中具体的运行机制，对各领域的发展起到引导和规范的作用。

根本制度、基本制度和重要制度三者之间相互交织、相互依存，构成了中国特色社会主义制度的科学结构。只有当这三者之间的组合得当、运行顺畅时，中国特色社会主义制度的整体功能才能得以充分发挥。因此，我们需要深入研究和理解这些制度要素之间的内在关系，以更好地推动中国特色社会主义制度的不断完善和发展。

（二）外部逻辑

要全面认识中国特色社会主义制度理论，我们需要将其置于中国特色社会主义总体布局中，理解其在整个体系中的功能定位及与相关理论的关联。中国特色社会主义制度被视为先进的人类社会制度，是中国特色社会主义道路、理论和文化的具体体现。因此，理解中国特色社会主义制度与中国特色社会主义道路、理论体系、文化的关系，是系统把握中国特色社会主义制度结构、科学理解其功能的必然要求。

中国特色社会主义制度的发展离不开对中国特色社会主义道路、理论体系及文化的支持。中国特色社会主义道路的实践经验和成就为我们在新的历史方位下科学把握社会主义制度与资本主义制度的关系提供了重要指导。同时，中国特色社会主义理论体系为制度建设提供了深刻的理论指导，而制度的不断完善和发展又证明并支撑着理论体系的创新发展。此外，中国特色社会主义文化作为更为基本、更为深刻、更为持久的力量，是中国特色社会主义制度不断完善和发展的文化根源。这些外部要素之间的联系与作用，不仅支撑着中国特色社会主义制度的发展，同时也影响着其整体功能的发挥，使其具有先进性和复合性。

（三）系统功能

中国特色社会主义制度作为当代中国发展进步的根本保证，具备着先进性和复合性的系统功能。要全面认识中国特色社会主义制度理论，不仅需要了解其内在结构的变迁和演进，更要体会各个层面的制度创新发展对整体功能的丰富和完善，以更加系统化、结构化、现代化的视角来理解中国特色社会主义制度。

二、中国特色社会主义制度的实践认同教育

实践不仅是一种教育途径和教育方法，还是教育内容的重要组成，是教育过程的必经环节。从辩证唯物主义和历史唯物主义的观点出发，分析中国特色社会主义制度实践论，是理解中国特色社会主义制度理论的根本目的和归宿。中国特色社会主义制度是中国共产党领导中国人民进行革命、建设和改革实践的产物，是从中国特殊历史条件出发探索社会主义发展道路的历史选择和历史创造，具有深刻的实践逻辑、广泛的实践基础、显著的实践成就，为制度理论提供了厚实的事实论据和科学证明。

（一）实践认同教育的逻辑

认识中国特色社会主义制度的实践逻辑，有助于理解我国国家制度实践的总体路线指引。中国特色社会主义制度的实践逻辑反映了其在中国革命、建设和改革的实践过程中不断建立、完善和发展的特点，遵循着"实践、认识、再实践、再认识"的逻辑规律。

首先，中国特色社会主义制度的发展是一个动态的实践过程。从初创到形成建立再到创新完善，这一历程是党和国家对社会主义发展规律不断加深认识和理解，对中国具体国情的把握更加到位的过程。在这一实践过程中，党和人民认识到了资本主义发展模式不符合中国国情，传统社会主义发展模式不适应时代发展，唯有将马克思主义理论与本国实际相结合，方能适应不断变化的客观实际。

其次，中国特色社会主义制度的发展是一个持续螺旋上升的实践过程，是制度理论不断指导制度建设的循环实践活动。尽管当前完善制度体系、提高制度化

水平是制度建设的基本任务，但这并不意味着任务完成后就结束了。即使中国特色社会主义制度达到了更加成熟、定型的状态，也不意味着僵化凝固，而是要根据世情国情党情的变化和治理效能提升的现实需要，继续完善和发展。

最后，中国特色社会主义制度的发展也是制度实践不断接受检验并得到验证的过程。国家制度是否符合社会主义发展规律，是否真实、管用、有效，最终要通过实践来检验。改革开放多年来，中国共产党领导人民不断打破旧体制束缚，推进中国特色社会主义制度建设，使国家制度在短时间内创造出了奇迹，进一步彰显了中国特色社会主义制度的实践逻辑。

（二）实践认同教育的基础

中国特色社会主义制度的实践基础深植于中国特色社会主义道路的探索和实践之中，这条道路是在中国共产党的领导下，人民群众共同努力开辟的。中国特色社会主义道路规定了社会主义发展的基本方向，明确了社会主义与资本主义的根本差异。在道路的探索和确证过程中，现行制度与实践之间出现了一定的矛盾和冲突，这促使制度的内生性变革和创新以适应实践需要。因此，中国特色社会主义制度是在深刻总结道路探索经验的基础上形成的，能够有效解决现实问题、回应时代发展需求，并获得人民支持和拥护。

在中国特色社会主义道路探索的实践经验中，中国特色社会主义制度进一步吸收了这些经验并将其转化为制度成果。这种制度化的成果是建立在对道路方向的准确把握和本质属性的深刻认识之上的。正因为中国特色社会主义制度与道路的内在统一性，使得它能够始终沿着中国道路进行设计、建构和实施，才具有了行之有效的特质。

（三）实践认同教育的成就

中国特色社会主义制度的实践基础是制度认同的重要依据和基础。制度的设计和实施不仅直接关系到人们的切身利益，也深受人们在日常行为中对制度的参与和体验所影响。因此，制度的实践效果是人们评价和认同制度的重要标准之一。中国特色社会主义制度的实践成就，正是制度认同的现实基础。中国特色社会主义制度体系经历了从初创到建立、从探索到完善的过程，在这一历史进程中，各领域的伟大成就使得经济、政治、文化、社会等方面都发生了显著变化。这些变化和成就是多方面的、全方位的，彰显了中国特色社会主义制度的存在和价值。

尽管社会上仍存在一些不同声音和观点，但总体来看，制度实践成就的持续彰显为中国特色社会主义制度赢得了更多的支持和认同。制度认同的提升不仅使人们更加自信地坚定中国特色社会主义道路，也为中国特色社会主义制度认同教育提供了良好的发展机遇。随着实践基础的不断夯实，中国特色社会主义制度将在未来的发展中展现出更加强大的生命力和活力。

三、中国特色社会主义制度的优势认同教育

中国特色社会主义制度认同教育以制度优势为重点内容，是强化制度实践成效、巩固制度认同基础的根本依据。

(一) 意识形态优势教育

中国特色社会主义制度的意识形态优势是其区别于其他国家制度的根本标志，也是中国特色社会主义制度优越性的重要体现。意识形态的优势，是指国家通过制度载体传递主流意识形态，使人民群众在遵从、信任、执行制度的过程中，接受并认同制度中蕴含的价值理念，进而为执政的合理性和合法性奠定基础。在理解和弘扬中国特色社会主义制度认同中，深刻诠释其意识形态优势是关键所在，也是巩固制度认同的重要途径。

首先，中国特色社会主义制度坚持中国共产党的集中统一领导。中国共产党的领导是中国特色社会主义制度的鲜明特征和重要保障，是中国特色社会主义制度的根本政治原则。党的集中统一领导为制度体系的建立和发展提供了根本支撑，使中国特色社会主义制度能够具有强大的组织协调能力和自我完善能力。如果没有党的集中统一领导，中国特色社会主义制度的建设和发展将无从谈起，更无法应对当前改革中的诸多挑战和阻力。因此，坚持党的集中统一领导，是中国特色社会主义制度的首要优势，也是制度认同教育的重要内容之一。

其次，中国特色社会主义制度坚持马克思主义理论指导。马克思主义理论是中国特色社会主义制度的理论基础和行动指南，是人们认识世界和改造世界的思

想武器和科学指南。在中国特色社会主义制度的建立和发展过程中，始终坚持马克思主义世界观和方法论的指导，注重体现中国化马克思主义理论的指导地位。习近平新时代中国特色社会主义思想为我国制度的建设发展提供了更具创造性和时代性的理论指导。因此，坚持马克思主义理论指导，使中国特色社会主义制度能够拥有更加先进、更加坚固的理论基础，面对意识形态领域的一系列问题和挑战更有底气、更有定力。

最后，中国特色社会主义制度坚持社会主义根本方向。社会主义是中国先进知识分子在探索救国救民历史实践中被证明的唯一能够实现民族独立和国家富强的正确道路。中国特色社会主义制度的建立和发展始终遵循着社会主义根本方向，坚持着中国特色社会主义的发展道路。只有社会主义才能够救中国，只有中国特色社会主义才能够发展中国，这是中国特色社会主义制度的坚定信念。因此，坚持社会主义根本方向，是中国特色社会主义制度的重要优势，也是制度认同教育的重要内容之一。

（二）发展模式优势教育

中国特色社会主义制度的发展模式优势是对中国社会主义制度建设经验的深刻总结和提炼，旨在为中国的长期稳定和繁荣提供可靠的制度保障。这一发展模式既不是其他社会主义国家制度的简单复制，也不是对传统社会主义发展模式的机械延续，而是马克思主义基本原理和中国国情紧密结合下的产物，是中国特色社会主义制度的集中体现。中国特色社会主义制度发展模式的优势主要体现在与传统计划经济体制及资本主义制度的比较中，具体表现为更有效率、更具民主、更加开放包容等方面。

首先，中国特色社会主义制度坚持社会主义制度和市场经济的有机结合。社会主义市场经济体制的建立体现了制度的效率优势，充分发挥了市场经济的活力和效率。中国特色社会主义制度不仅鼓励个体积极参与经济活动，而且注重市场经济和社会主义价值观的有机融合，使得市场经济更好地为社会主义事业服务。与传统计划经济相比，这种市场经济体制更能够激发社会生产力，推动经济持续增长。

其次，中国特色社会主义制度充分发扬民主和正确实行集中的有机结合。民主集中制是中国共产党的根本组织制度，既保障了人民群众的民主权利，又确保了政治运行和社会发展的高效有序。在中国特色社会主义制度下，民主和集中相互促进、相互补充，有效解决了西方资本主义国家存在的民主泛滥或效率低下的问题，保证了国家政治稳定和经济持续发展。

再次，中国特色社会主义制度坚持各民族共同奋斗繁荣发展。在多民族交汇融合的国情下，中国特色社会主义制度既保证了各民族自治的权利，又推动了各民族共同团结奋斗的进程。民族区域自治制度的建立和完善，为民族团结统一提供了制度保障，使各民族都能够充分享受改革开放带来的发展成果，共同实现国家繁荣富强。

最后，中国特色社会主义制度坚持人类制度文明的交流互鉴。中国特色社会主义制度不仅总结了自身的实践经验，还积极借鉴了其他国家的优秀制度文明，以世界制度文明的成果为基础不断完善自身的制度体系。这种开放包容的态度使得中国特色社会主义制度在世界范围内具有重要的影响力和示范作用，为其他国家的制度建设提供了借鉴和参考。

（三）民族文化优势教育

中国特色社会主义制度的民族文化优势源自中华民族悠久的历史文化传统和独特的民族风格特点。这一制度的发展与民族文化的深刻融合密不可分，反映了中国历史文化的传承性、创新性和包容性。

首先，中国特色社会主义制度的民族文化优势体现在传承性上。中华文化自古以来便是一脉相承的传统，虽经历了波折，但从未中断。这种文化传承的特性为中国特色社会主义制度提供了源泉和基础。特别是中华优秀传统文化中蕴含的思想理念，对于强调以人民为中心、崇尚法治、追求生态和谐等制度理念具有深远影响。这些思想理念的传承与发展，使得中国特色社会主义制度具有更加丰富的文化内涵和历史底蕴。

其次，中国特色社会主义制度的民族文化优势体现在创新性上。中华文化历来是一个在继承中创新、在创新中发展的过程。这种与时俱进的文化特质为中国特色社会主义制度的持续发展提供了动力和支撑。在深化改革的过程中，中国特色社会主义制度能够灵活应对各种挑战、解决各种问题，不断完善自身，其背后的文化支撑正是历史文化中蕴含的价值力量。同时，社会主义先进文化的积极影响也为制度的创新提供了重要支持，使得中国特色社会主义制度能够不断更新，适应时代的要求。

此外，中国特色社会主义制度的民族文化优势还体现在包容性上。中华文化向来以海纳百川、兼容并蓄著称，这种包容性使得中国特色社会主义制度能够在与其他制度的交流互鉴中不断发展壮大。在国际交往中，中国特色社会主义制度展现出了开放的姿态和包容的理念，尊重不同国家的制度形式和模式，坚持求同存异、多元共存的原则。这种开放包容的态度有助于中国特色社会主义制度在国际舞台上赢得更多的认同和尊重，为中国的制度优势提供了更广阔的发展空间。

综上所述，中国特色社会主义制度的民族文化优势是其发展的重要基础和支撑。这种优势体现在传承性、创新性和包容性等方面，为中国特色社会主义制度的巩固和发展提供了强大的文化动力。通过充分发挥民族文化的优势，中国特色社会主义制度能够更好地适应时代的要求，为国家的长期繁荣和稳定奠定坚实基础。

（四）发展前景优势教育

中国特色社会主义制度的发展前景优势体现在历史必然性和阶段性、长期性上。从历史和辩证思维的角度，我们可以清晰地认识到社会主义制度代替资本主义制度的必然性，同时也要认识到这一过程具有一定的阶段性和长期性。

首先，社会主义代替资本主义是历史之必然。马克思恩格斯通过深刻的分析，揭示了资本主义内在的矛盾和不可持续的性质，预言了社会主义最终胜利的历史趋势。当前，资本主义国家面临着日益严重的社会经济问题，贫富差距扩大、社会不公、就业困难等问题凸显出资本主义制度的固有弊端。与之相比，中国特色社会主义制度通过长期改革实践，不断推进制度建设和现代化建设，在国际舞台上展现出了强大的发展活力和吸引力。这一事实再次验证了马克思主义理论的科学性和真理性，即社会主义必将代替资本主义，这是历史发展的必然趋势。

其次，社会主义代替资本主义具有阶段性和长期性。虽然社会主义代替资本主义是历史必然，但这一过程需要经历一个相当长的历史阶段。这是因为资本主义制度具有一定的自我调节能力，同时中国处于社会主义初级阶段的基本国情也不会一夜之间改变。社会主义初级阶段存在着许多需要解决的问题和难题，需要通过深化改革、加强制度建设来逐步解决。这其中必然会遇到各种各样的困难和挑战，需要我们有足够的认识和准备来迎接。在这个过程中，我们要坚定社会主义改革必然胜利的信心，充分认识到改革的艰难性和曲折性，同时相信通过共产党的领导和人民群众的智慧，一定能够克服各种困难，取得改革发展的胜利。

四、中国特色社会主义制度的价值认同教育

如何通过价值教育使个体价值观念和价值结构得到重新定位和调整，进而做出符合教育目标的价值选择和价值创造，是思想政治教育必须认真研究的课题。当前，我国实现经济社会快速稳定发展，综合国力和国际地位得到显著提升，彰显了中国制度创新发展的活力，而中国制度之所以能够顺利运行，与其承载的价值理念和价值遵循是密切相关的。与此同时，人们在面临价值判断和价值选择时，更容易陷入迷茫和困顿的现实情况，促使价值教育成为解决人们认同危机的必然选择。制度认同教育必须搞清楚当前中国特色社会主义制度的价值目标、价值标准、价值体现，为深化情感认同、推动行为内化奠定心理基础。

（一）价值认同的目标

中国特色社会主义制度的价值目标是其价值认同的核心，是中国社会发展实际和科学社会主义本质的综合体现。这些价值目标不仅引领着制度的设计和建构，也为人们的行为提供了根本导向。

首先，实现共同富裕是中国特色社会主义制度最首要的价值目标。共同富裕是指让每一个人都能够分享到社会发展的成果，是对公平正义的追求和对社会和谐的期许。中国特色社会主义制度以生产资料公有制为基础，为实现共同富裕提供了最基本的制度保障。同时，在制度创新和完善的过程中，也不断创造出更多的制度红利，以满足人们日益增长的美好生活需要。然而，实现共同富裕仍然面临着贫富差距过大的问题。因此，我们需要通过深化制度改革，完善社会治理制度，使每个人都能朝着共同富裕的方向迈进。

其次，促进公平正义和社会和谐是中国特色社会主义制度的基本价值目标。

公平正义是社会制度变革发展的重要指标，是对社会各阶层公平机会和公正待遇的追求。社会和谐则是中国特色社会主义的本质属性，也是人民群众的根本利益所在。为实现这一价值目标，我们需要不断深化改革，完善各项制度安排，消除影响公平正义和社会和谐的制度障碍。在经济、政治、文化等各个领域，都需要探索构建和谐关系、实现和谐共生的基本要求，为社会的持续稳定发展提供坚实的制度保障。

最后，促进人的自由而全面发展是中国特色社会主义制度的根本价值目标。人的自由而全面发展是社会主义制度的应有之义，也是中国特色社会主义事业的根本目标。只有人民群众得到了解放，实现了自由，社会才能够真正实现共同富裕和和谐。因此，我们要充分发挥制度的优势，不断完善各项制度安排，为每个人的自由和全面发展创造良好的环境和条件。

（二）价值认同的标准

中国特色社会主义制度的价值标准是对制度价值进行判断和评价的前提，它体现了合规律性和合目的性的统一，是在以社会发展基本规律为遵循、以人民群众为主体力量的基础上建立起来的。在中国特色社会主义制度的发展过程中，有两个衡量标准是尤为重要的，即生产力标准和人民利益标准。

首先，生产力标准是衡量制度价值的基本标准。社会主义制度的建立旨在解放和发展社会生产力，使之获得前所未有的解放和发展。中国共产党在探索制度建设的过程中，始终坚持以生产力为核心的价值标准。通过建立社会主义市场经济体制等举措，中国社会的生产力得到了迅速的发展，经济总量居世界前列，全面小康社会即将建成。这些成就的取得离不开生产力的价值标准。

其次，人民利益标准是衡量制度价值的根本标准。中国特色社会主义制度是以人民群众利益需求为价值导向和伦理考量的制度安排，这是它与其他社会制度的明显区别。党的十一届三中全会以来，中国特色社会主义制度不断完善，始终坚持以人民为中心的发展思想，推动了社会生产力的解放和发展。党的十九届四中全会提出了关于人民群众切身利益的制度建设的新要求，体现了以人民为本的根本价值标准。制度认同教育应当使人们认识到，生产力标准和人民利益标准并不是相互对立的，而是相互统一、有机融合的。只有清楚地认识到社会主义制度不断发展生产、提高人民群众利益的本质，才能更好地推动中国特色社会主义制度的不断完善和成熟。

（三）价值认同的体现

中国特色社会主义制度的价值体现在促进国权、政权、人权三者的统一上。通过对保障国家独立和领土主权完整、推进国家治理体系和治理能力现代化、实现和维护人民群众根本利益的价值意义进行阐述，使人们自觉捍卫制度价值的客观性、正当性、神圣性，是新时代多元价值背景下制度认同教育所要完成的重要使命。

在国际层面，中国特色社会主义制度为世界人民探索制度发展模式提供了富有借鉴意义的制度体系。其民族区域自治制度为那些陷入民族分裂纷争的国家指出了一条缓解矛盾、实现自由发展的路径。此外，中国特色社会主义制度在国际舞台上的魅力也是营造互利共赢、和谐发展国际环境的重要助力，有助于各国更加专注于自身国家事业的发展。

在国家层面，中国特色社会主义制度推进了国家治理体系和治理能力的现代化。它最大限度地解放和发展了生产力，为实现共同富裕提供了制度保障；同时，也是实现公平正义、构建和谐社会的根本保障。各种制度安排，如民族区域自治制度和基层群众自治制度，都是为了实现公平正义和和谐发展服务的。

在个人层面，中国特色社会主义制度始终以人民群众的利益需求为价值导向。从社会保障制度到民生保障制度，中国特色社会主义制度的设计都是基于关注人、注重人、发展人的价值追求。它代表着人民群众根本利益，并以此作为评判一切工作的价值标准。

然而，对中国特色社会主义制度的价值认同教育也需要辩证认识。制度并非万能，它的实然功能与应然功能存在一定的偏差。此外，制度价值的呈现需要一个过程，而当前中国特色社会主义制度尚未完全定型，其价值体系拥有超越现实的动力和导向意义。因此，制度认同教育不仅要讲清楚制度的现实价值，还要看到制度的长远价值，使人们对制度发展优势和前景充满信心。

第三章　新时代思想政治理论课的教学方法

第一节　思想政治教学方法的内涵与特点

一、思想政治教育教学方法的内涵

教学方法就是为了达到教学目的，师生进行有序的相互联系的活动的种种方式所构成的系统。它包括教师教的方法和学生学的方法及其相互之间的有机联系，是在教学的过程中教师和学生为完成教学目的和任务所采取的途径和程序等的总和。从教学过程的角度看，是指教师和学生在教学过程中，为达到一定的教学目的，根据特定的教学内容，双方共同进行并相互作用的一系列活动方式、步骤、手段、技术和操作程序所构成的有机系统；从教学活动的具体需求来看，教学方法的内在结构是由语言系统、实物系统、操作系统、情感系统等子系统构成的有机系统。教学方法得当与否，是教学内容能否得以有效贯彻、教学质量好坏的重要保证。

思想政治教育教学方法，是指思想政治教育教学过程中，为提高学生的思想道德素质和科学文化素质，帮助学生树立正确的世界观、人生观、价值观，教师所采用的各种方式、手段、工具等的总和。"思政教学课程作为高校教学课程体系中的重要组成部分，对我国的教育及其发展起着极为重要的作用。"①

从广义上讲，思想政治教育教学方法是师生双方为了教学活动的顺利进行、实现思想政治教育教学任务和目的而采取的一切途径、方式、方法和手段的总称。它既包括教师对教法的选择和教学程序的设计，又包括教学组织形式和教学

---

① 林达. 新课改背景下的思想政治教学方法创新 [J]. 知识经济，2017（13）：136.

语言、教学艺术风格；既包括思想政治课教学中的哲学方法、一般方法和心理学方法，也体现在教学过程中具体采用的教学方法；既包括教学过程各个阶段所采用的理论教学方法和实践教学方法，又涵盖思想政治教育教学工作各个环节的方法，如教学管理方法、教学评价方法、教学研究方法和教育技术方法等。

从狭义上讲，思想政治教育教学方法是指思想政治课教师在教学过程中，为了完成思想政治课的教学任务而采取的对学生进行世界观、人生观、价值观、道德观教育的具体教学方式、方法和手段。

思想政治教育教学方法体系，不是从广义上而是从一般方法论上，来阐释思想政治教育教学方法的基本特点、基本原则、基本要求，具体的教学方法和实施途径，重点是阐述思想政治教育学实践中一系列行之有效的具体理论教学方法和实践教学方法体系，是思想政治教育各种教学方法按照一定的标准和原则集合在一起构成的方法体系总和。

二、思想政治教育教学方法的特点

思想政治教育教学方法体系是对思想政治教育教学实践规律的认识和总结，它与一般教学方法是特殊和一般的关系，是一般的教学方法在思想政治教育中的应用和继承。如今，"思想政治理论课教学方法适应党的思想理论发展新要求，顺应现代科学技术发展潮流和教学发展新趋势，不断创新教学方法理念、拓展教学方法领域、运用现代化教学手段、尝试多元教学方法，取得历史性成就，实现历史性变革"①。思想政治教育课程设置的特殊教育功能，要求教学方法体系除了具备一般课程教学方法的特点之外，还应该适合思想政治教育承担的政治思想和品德教育的独有特点。

（一）灌输与启发相结合

课堂教学法是思想政治教育教学的基本形式和主要方法，这种课堂讲授就是一种理论灌输方式。在思想政治教育教学中，进行系统的理论灌输，这是由思想

---

① 佘双好，汤婉丽. 新时代高校思想政治理论课教学方法的创新发展与展望［J］. 思想理论教育导刊，2023（03）：107.

政治教育的政治性和方向性原则所决定的，也是符合世界观、人生观、价值观形成的基本规律的。

任何先进的思想理论并非人们天生具有，而只能是在后天的社会生活中通过一定形式的社会实践活动来获得。在思想政治教育教学中"灌输"马克思主义，并非要强"灌"硬"输"。它与那种"填鸭式""满堂灌"的教学方法不可同日而语。恰恰相反，要使所灌输的内容同学生产生心理上和思想上的共鸣，就必须采取灌输与启发相结合的教学方法。如果说灌输式教学是思想政治教育方向性原则的要求，那么启发式教学则是其思想性与科学性原则的要求，也是符合学校教学目的要求和学生学习活动规律的。

启发式教学是调动学生学习主动性，激发其学习潜能，培养其独立思考和研究能力的教学方法。启发式教学更能促进学生消化所学知识并使之向能力转化。在思想政治教育教学中，必须善于运用启发式教学，对一些较为抽象的理论，往往采取由浅入深，环环相扣、层层深入的讲授方式，以便学生理解和接受。这种教学方式，是由具体事例引出抽象原理和普遍真理，使学生的思想认识由浅入深、逐步深入，因而能产生较大的启发作用和教育意义。

（二）理论与实际相结合

理论与实际相结合的特点是实事求是思想路线的要求。思想政治教育教学方法中实行理论与实际相结合，是保持其生命活力的关键，也是提高思想政治教育教学质量和效果的根本要求。理论与实际相结合的科学依据既来源于认识与实践的辩证关系，也是由思想政治教育教学性质所决定的。

思想政治教育既具有理论性，又具有应用性，强调理论与实际相结合的教学方法，一方面是为了防止在思想政治教育教学中脱离实际讲理论的教条主义、本本主义倾向，另一方面也是为了防止在思想政治教育教学中以实际代替理论的经验主义、实用主义倾向。思想政治教育教学理论的"精"和"管用"是相一致的，如果教给学生的理论"不管用"，就谈不上"精"。思想政治教育教学能紧紧把握"实事求是"这个精髓，也就做到了"精"和"管用"的统一，而把握"实事求是"这个精髓，必然要求理论与实际相结合。理论与实际相结合、理论与实际相统一并非一蹴而就、一成不变的，而是动态的发展过程。因为现实的实际情况总是在不断变化发展的，理论与实际的发展不同步、对不上号、理论超前或者滞后于实际的现象经常出现。

因此，在思想政治教育教学方法的选择中，始终坚持理论与实际相结合，把思想政治教育教学内容同历史上中国革命与建设的实际，同当代中国改革开放和现代化建设中的实际，同学生世界观、人生观、价值观问题及其思想实际有机结合起来，引导学生对理论与实际情况不一致的问题进行客观分析、深入研究，以消除理论与实际间的反差。

从总体上讲，思想政治教育教学内容的讲授和教学方法的选择，要特别注意联系以下五方面的实际：

第一，联系理论本身形成和发展的实际。要讲清楚理论产生和发展的背景、条件、根源和创新点，深刻认识与时俱进是马克思主义理论的固有品质，增强理论观点的说服力。

第二，联系当前国际国内的社会实际，帮助学生了解国内外形势的发展，理解和掌握党和政府所采取的路线、方针、政策。

第三，联系学生身边的实际，帮助学生正确处理生活中可能遇到的矛盾和问题。

第四，联系学生的思想实际，帮助学生解决思想困惑，提高思想认识。尤其是对学生所普遍关注的国内外重大现实问题，要心中有数，尽量结合讲授。

第五，联系教师本身的实际。教师只有真信真懂真用真情，才能使思想政治教育既有现实性和时代感，又有感染力和说服力。

（三）原理抽象阐述与案例形象具体相结合

原理阐述是理论型课程教学的基本方法，是对课程体系中的基本概念、原理、定律、规律和基本的理论观点进行逻辑推演、严密论证、系统阐述的方法。思想政治理论课教育教学的内容博大精深，是集科学性、思想性、阶级性、实践性于一体的逻辑严密的理论体系。其中包含有许多基本概念、基本原理、基本规律和基本理论观点，这些基本的理论内容，不仅需要全面地了解认识，而且应该准确地掌握运用。因此，在思想政治教育教学中采用原理阐述的讲授方法是非常必要的。这种方法注重概念的准确界定、原理的科学论证、理论的逻辑推演、体系的完整一致，其优点是能培养学生严谨的治学态度，提高逻辑思维能力，使其具有扎实的理论功底，便于学生准确完整地理解和掌握思想政治教育教学的基本理论内容。

所谓案例形象具体的教学方式，就是通过选择具有典型性和代表性的具体实例，借助形象思维，帮助学生认识和理解某一基本原理或思想观点的教学方法。形象思维是通过生动具体的感性形象和观念形象，借助联想、类比、想象等方法，对形象信息进行加工处理，以认识和反映客观事物的思维方法。形象思维具有直观性、具体性、生动性、整体性和相似性的特点，能将具体事物的形象活灵活现地展现在人的脑海，使人产生仿佛亲临其境的感觉，能直接形成对事物整体形象的认知。形象思维大多以事物与事物、现象与现象之间的相似性为基础，展开联想、类比、想象，通过个别事物的形象，认识同类事物的共性特征。还能给人以美的享受，具有艺术感染力。运用案例从感性材料入手进行生动形象的讲述，有助于概念、原理和观点等抽象理论的阐发、说明和理解。

第二节　思想政治理论课的课堂教学方法

一、定制授课班级课堂教学规章

在思政理论课教学中，大班授课模式的采用使得课堂管理面临更大的挑战，定制授课班级的课堂教学规章显得尤为重要。课堂秩序的良好与否直接关系到教学的顺利进行和教学效果的提高，特别是在思政理论课这一公共必修课程中。为有效缓解教育资源相对紧张的问题，需要通过定制授课班级的课堂教学规章，建立制度化的课堂规则，明确规范学生在课堂中的行为，以提高思想政治理论课大班授课的教学效果。

在备课之初，思政课教师需要对所教学生的专业构成进行调查和分析，了解学生的背景、特点和需求，为后续的课堂规章定制提供基础。明确本门课的课堂规章、学习要求，并在第一堂讲课时郑重、明确地公之于众，晓之以理，要求全体学生严格遵守，同时声明教师也将严格执行。通过公示规章，教师能够在学生心中树立起严肃的教学形象，为后续的教学活动奠定基础。

将定制好的课堂规章公示于班级，并明确表示教师将严格执行。通过明确的规章，建立起有力的管理机制，促使学生自觉遵守，提高整个学期思想政治理论课课堂教学的效果。通过定制授课班级的课堂教学规章，可以有效提高思想政治理论课大班授课模式下的教学效果，为教学工作打下坚实的基础。因此，建议思政课教师在备课过程中充分重视课堂管理，为学生思想政治素质的全面提升提供有力支持。

二、课堂教学时间的有效管理和优化

第一，减少时间浪费。在提高课堂时间效益的过程中，必须建立科学的教学制度并强调教师对时间的敏感性。通过降低教师和学生可能导致时间浪费的人为因素，确保规定的有限时间得到最大限度的利用。具体措施包括教师在课前3分钟等待学生的制度、学生对课前准备的认真执行，以及在课后确保不拖延教学进度。

第二，掌握最佳时域。一堂课中，学生的思维在上课后的5~20分钟内达到最佳状态，被认为是课堂教学的黄金时段。为了提高课堂时间效率，必须在这一最佳时域内完成主要教学任务，并解决教学中的关键问题。当面临课堂上的不良因素或破坏秩序的情况时，教师应迅速处理，而不是完全中断课程，以避免浪费珍贵的授课时间。

第三，信息量要适中。课堂信息量过少，导致环节过于松散，可能浪费时间；反之，信息量过多，密度过大，可能超出学生的接受能力，降低教学效果。因此，教师需要进行深入而细致的分析，确保在单位时间内提供适度的教学信息。

第四，提高学生专注率。实现学生的高度专注需要教师抓住可教时机及时施教，并在处理学生行为时选择合适的时机，以防止破坏课堂规则和产生冲突的情境。

第五，教学手段多样化。为提高课堂单位时间的效率，教师应在教学活动中巧妙运用多种媒体（如黑板、投影、音像等），采用多样化的教学手段（如讲述、交流、训练、合作等），不断刺激学生的各种感官，使大脑不同部位的细胞交替兴奋，保持大脑在 40 分钟内的持续兴奋状态。

三、课堂教学过程的有效管理和优化

加强思想政治理论课的课堂教学过程管理，并使之有机衔接，对于提高课堂教学管理质量很有意义。一般说来，一堂课的课堂段落大致可分为候课、导入、课中、结束等部分。

（一）候课

候课是教师课堂活动的预备状态，通常发生在课前几分钟，教师在教室门口或教室内等待上课。这一阶段的重要性在于它为学生提供了逐渐进入上课状态的机会，教师的及时候课也有助于确保学生在课程开始时专注、投入学习。

（二）导入

导入是一堂课的开端，其主要功能在于集中学生的注意力、酝酿情绪并带入教学情境。导入的类型多种多样，然而研究中强调采用简洁高效的导入方式，以杜绝在此环节绕弯子、浪费时间。有效的导入不仅能够引起学生的兴趣，还能够为后续知识的传递打下坚实基础。在这一阶段，教师需要精心设计导入环节，以吸引学生的注意，激发学习兴趣，为后续的教学打开思维之门。

（三）课中

课中作为课堂教学的主体段落，承载着教学的核心任务和目标，其有效管理对于提高课堂管理效益、确保教学活动的顺利进行及实现教学目标具有至关重要的意义。在这一关键阶段的管理中，我们需要着重关注两方面：一是认真讲清楚教学的每个环节，二是善于处理偶发事件。

首先，认真讲清楚教学的每个环节是确保课中管理成功的基础。教师在这一过程中应当详细规划每个教学环节，明确目标、任务和内容，确保学生对教学内容的理解逐步深入。教师要注重讲解方法，引导学生主动思考，提高他们的学习兴趣和主动参与度。清晰而有序的教学过程有助于学生更好地吸收知识，形成系统的学科认知结构，提高学习效果。

其次，善于处理偶发事件也是课中管理的重要方面。在教学过程中，偶发事件可能会引起学生的分心或紧张，因此教师需要具备灵活应对的能力。这包括但不限于技术故障、学生提问、突发情况等。教师应当保持冷静，迅速做出判断并采取适当的措施，以确保教学活动的正常进行。同时，善于处理偶发事件还包括对学生的个体差异有足够的了解，以更好地满足不同学生的学习需求，提高整体教学效果。

在课中管理中，教师需要事先做好充分准备，精心设计每个教学环节，以确保教学目标的有序推进；同时，教师还须具备灵活应变的能力，善于处理各类偶发事件，以维护课堂秩序，提升教学效益，为学生提供更为优质的学习体验。

（四）结束

结束作为课堂教学的最后一个段落，在日常教学中往往被低估，然而它对于整体教学效果的影响却是不可忽视的。许多优秀的课程因结尾不佳而留下遗憾，因此，重视课堂结尾的设计与管理是课堂教学管理的一项至关重要的内容。结束部分管理的核心目标在于实现课堂的"有序解散"，通过精心设计和管理，使得教学过程在自然状态下有序而流畅地结束，为学生留下深刻的印象。

在结束部分的管理中，需要采取一系列常用的方法和技巧，以确保教学任务的圆满完成。其中，系统归纳是一种常见的方法，通过对本堂课的重点知识进行有条理的总结，帮助学生巩固所学内容，强化记忆。比较异同则通过对不同知识点之间的联系和区别进行分析，引导学生思考，提升他们的思维深度。巧做铺垫是通过引入下堂课或相关话题，使学生在结束时对知识的延伸有更深的认识，使教学环节更加连贯。此外，巩固练习也是一种有效的结束方法，通过小测验或练习，巩固学生对本堂课所学知识的理解，帮助他们在知识上更为牢固地站稳脚跟。

当然，以上列举的方法只是结束部分管理的一部分技巧，教师还应该不断积累和探索，寻找适合自己教学风格和学科特点的好的结束方法。通过不断反思和改进，教师能够使自己的课堂教学善始善终，使学生在结束时既对所学知识有深刻的理解，又对整个学习过程有满意的体验。这样的教学结束不仅能够提升课堂教学质量，还能够激发学生对知识的兴趣和学习的主动性。

四、创设课堂讲授吸引力

（一）让学生产生兴趣

让学生产生兴趣是教学过程中至关重要的一环。兴趣被认为是最好的教师，因为它能够引导学生集中精力，主动去获取知识，并在学习活动中展现出创造性。在培养学生学习兴趣的过程中，教师的素养、教学设计，以及教学的艺术性都起着至关重要的作用。

首先，教师被视为用灵魂塑造灵魂的引导者。优秀的教师懂得如何用眼神和言语与学生交流，激发他们对知识的好奇心。教师的人格魅力对学生的兴趣产生深远的影响。在思想政治课等教学领域，教师需要特别注意提高自身的素养，建立和谐的师生关系。诚信为本、有诺必践、言行一致是塑造良好师生关系的关键，而且教师应该以身作则，率先垂范。

其次，教学设计也是激发学生兴趣的重要环节。教师应该灵活运用多种教学方法和手段，使课堂更加生动有趣。通过引入实例、故事、互动等元素，可以增加学生对学科的兴趣。此外，教师还须关注学生的个性差异，根据学生的兴趣和特长进行个性化的教学设计，使每个学生都能找到学习的乐趣。

最后，教学的艺术性是培养学生兴趣的关键之一。教师需要具备教育艺术家的眼光，善于发现学科内的美感和深度。通过巧妙的引导和激发学生思考，教师能够让学生在学习中体会到快乐和成就感，从而更加热爱学科。

（二）让学生对内容有正确的认知

思想政治课教师在教学中要尽量把书本知识与职业技能结合起来，从学生感兴趣的方面入手，让理论知识回到实践中来，把抽象的内容具体化、形象化，让学生看得见、摸得着，在实践中认识，在认识中理解，在理解中升华，使学生对学习感到"有用"。

只有将知识转变为智慧、转变为技能，知识才能真正有力量。在教学中，教师应注意根据教学内容，进行恰当的拓展延伸与调整，让理论知识与实践技能有机地结合起来，在课堂教学中让学生动起来，参与实践、参与训练，让学生真正体会到所学知识在实践中的运用，用科学的方法去分析解决课堂教学中的问题，在实践中不断唤醒、开发和提升学生自身潜能，更好地体现课堂教学特色。

（三）让学生体会到课堂上的学习"有为"

课堂教学是以知识为载体的师生互动活动，学生是新知识的发现者，而非简单的接受者，这方面在课堂的一体化教学上尤为明显。因此，教学中要充分体现学生学习的主体性，使每个学生都能感受到自身价值的存在，在知识学习和技能训练中汲取营养，体会到学习"有为"。教育的核心即学习，从传统的以教师"教"为主，过渡到现代的以学生"学"为主，要求教师的课堂教学设计应围绕着学生的学习展开，要充分发挥学生的主体性，教师的"教"必须服从学生的"学"。课堂教学上，使学生在主动参与、主动学习、自主动手实践中有所为。

五、创设课堂师生互动

学校开设思想政治理论课的初衷是帮助学生树立科学的世界观、人生观和价值观，帮助他们成为有良好道德修养和文明行为的人。而这些教学目标是需要在师生深入融洽的情感交流中才能完成的。所以，思想政治理论课课堂教学应该是一个师生情感交往互动的过程。在师生互动行为中，一方面，教师会自觉不自觉地流露出对学生的情感、期望与评价，从而影响学生的自我认识、自我评价及其社会性行为；另一方面，在接受教师影响的过程中，学生有疑可提，有见解发表，教师也可以利用这些生成的资源，掌握学生的思想状况，认真分析思想理论领域的倾向性问题，努力使教学更加贴近学生思想实际。双方都在借助对方的交往，借助师生互动的过程，不断地建构自我、发展自我、完善自我，因此，师生互动也是互惠的。实现思想政治理论课课堂师生有效的互动，可以从以下四方面进行：

（一）教育性与互惠性

思想政治理论课是学校对学生系统进行思想政治教育的主渠道和基本环节。在思想政治理论课课堂师生互动的过程中，教师和学生之间在进行知识交流的同时，也在进行情感、意志、性格和世界观、人生观等的互动。传授知识只是手段，而不是目的。无论师生双方是否意识到，其教育性功能都在发挥着作用。"教学相长"意味着教育者和教育对象之间的彼此需要和彼此收获。由于两者发展的需求不同，所以追求的目标亦不同。教师关注的是教育成就和广泛的社会影响，而学生关注的往往是知识技能和良好的自我形象。尽管如此，双方都在借助与对方的交往来完善自己。而且由于知识社会的迅猛发展，新的道德规范不断涌现，而学生对新事物是最敏感的，在与学生的互动中，教师的道德品质也会有所提升。

（二）引导与建构

思想政治理论课的教学内容属于意识形态的范畴，不是永恒不变的，它应当具有鲜明的时代性，只有结合时代变化，及时做出调整，才能发挥应有的作用。思想政治理论课也具有特定的方向性和目标性，教师对学生的发展和成长负有重要的不可推卸的责任，应积极地通过"对话"对学生进行引导。对于学生来说，学生时期是他们十分宝贵但自己却并不全然知其价值的生命时期，是缺乏生活经验，各方面都处在形成状态又充满多方面需要和发展可能，充满生命力和潜力的时期。显然，学生的自我建构离不开与教师的交往和互动，但教师绝不可能直接塑造学生，引起学生身心的变化，教师的作用只在于和学生共同塑造一个"文本"，以此来影响学生对文本的认识和理解。对学生来说，他对文本的认识和理解作为一种"主我"的意向性要求，与其实际的"客我"水平构成一对主客矛盾，矛盾的统一意味着学生主观世界的改造和发展。

（三）冲突与整合

思想政治理论课作为学生世界观、人生观、价值观逐步形成时期的一部分，师生互动在冲突与整合方面展现出独特的复杂性和综合性。学生群体具有易变性和不稳定性的特点，正经历个体与社会价值不断冲突与整合的成长过程。这一点决定了思想政治理论课的课堂师生互动内容及过程不仅是简单的知识传递，更是一种引导和塑造学生价值观念的复杂任务。

在这个过程中，师生互动中的冲突与整合不可避免地存在。学生在形成个人观念的过程中，可能会与教材、教师观点产生分歧，甚至与同学之间存在意见不和。这种冲突既是学生个体思考的表现，也是他们社会适应的一部分。教师在这一环境中需要敏锐地觉察到冲突的存在，并通过适当的引导和解释，促使学生在思考中逐渐理解、接纳，甚至转变个人观念。冲突的存在是学生成长过程中的正常现象，通过适度的冲突，学生才能够更全面地认知自我和社会。

同时，师生互动的整合过程也显得至关重要。教学活动不仅要符合规范和原则，更需要灵活应对教学过程中的变化信息。思想政治理论课的教学对话往往始于共同的主题，通过话题的有效转换和认同的持续建构，使双方的经验得以增长并促使精神变化。整合的过程不仅是知识的整合，更是师生关系、观念认同的整合。在每一次对话的环节中，师生需要相互合作，通过相互理解和尊重，在共识中形成对于思想政治理论的更深层次的认知。

（四）情感因素

情感因素在思想政治理论课教学中具有十分重要的作用。因为在亲密融洽的师生关系及民主和谐的教学氛围中，学生会有一种安全感和愉悦感，能更有效地参与各种师生交往活动，碰撞出智慧的火花，呼唤起情感的共鸣，从而不仅全面准确地掌握理论知识，也在思想品质上受到潜移默化的熏陶和感染。

情感投入是成为好教师的重要条件。思想政治理论课教学是一项艰苦、复杂而又细致的工作，它需要有一种"人的情感"，需要一种"人文关怀"，思想政治理论课课堂师生互动过程是教师和学生之间情感交流、心灵互换，以情感人、情理交融的过程。教师尊重学生在学习与交往中的主体地位和个性特点，热爱每一个学生，关怀每一颗心灵，就会使课堂成为学生的精神乐园，让学生在充满关爱的氛围中健康成长。

六、思想政治课堂上的灵活应变

在课堂教学中，教师的一言一行，对学生的学习起着至关重要的作用。如果教授得法，丰富多彩，学生就生动活泼，积极配合。要使课堂教学取得优秀的成果，教师课堂教学的应变能力举足轻重。

教师的应变能力能调节课堂气氛，提高教学效果。思想政治理论课的课堂教学是一个充满理性思辨、思想碰撞、思想交流、情感体验的复杂过程，作为一名思政课教师要善于驾驭这种复杂变化的过程，努力创造一种轻松和谐的思想政治理论课课堂教学气氛。思政课教师应根据学生的心理特点、知识水平、心理状态及反馈信息，及时地做出反应，使用灵活的教学方式，采取适当的应变措施。一个称职的教师应具有明晰的洞察力和灵敏的反应力，不能把学生看作知识的容器，目中无人去唱独角戏。在课堂上，不同程度的学生对教师的讲授内容有着不同的反应，教师对此应做到心中有数。教师只有及时把握课堂变化的脉搏，及时采取应变对策，才能使凝固的课堂气氛活跃起来，集中学生的注意力，从而提高教学效果。

教师的灵活应变，有助于学生智力的开发和能力的培养。在当今信息爆炸的时代，学生接触信息的途径愈加多元化，其视野也更加开阔。教师应当善于根据学生的多样性，调整教学方法和内容，以激发学生的思考和想象力。通过灵活的应变，教师能够及时捕捉学生的兴趣点和思维重心，使得课堂更具吸引力和启发性，为学生的智力发展提供有力支持。当代学生往往具有独立的思考和见解，教师的灵活应变应当在引导学生发现问题和提出问题的过程中得以体现。教师应当充分利用学生的独立性，通过精心设计的问题引导，促使学生深度思考，培养他们的批判性思维和创造性思维能力。这种灵活的引导方式不仅能够满足学生的个性化需求，也有助于拓展学生的认知领域，为他们未来的发展打下坚实基础。

在教师的积极引导下，学生的学习热情会得到有效激发，使其保持积极的学习状态，主动参与课堂活动。通过这种互动式的教学方式，学生更容易发挥主体作用，增强对知识的理解和运用能力。因此，教师的灵活应变在思想政治理论课堂中不仅是一种教学策略，更是一种促使学生成长的重要手段，能够收获满意的教育效果。

此外，教师的灵活应变也有益于提升自身的业务水平和威望。通过深入了解学生的需求和特点，教师能够更好地调整和更新自己的教学方法，不断改进教学设计。这种不断学习和适应的态度不仅提高了教师的专业素养，也增强了学生对教师的信任和尊重。因此，灵活应变不仅是教师对学生负责的表现，也是构建良好师生关系的有效手段。

第三节　思想政治理论课的实践教学方法

一、以理论教学和学生实际确定实践教学目标

思想政治理论课实践教学以接触社会、运用理论、掌握方法、锻炼能力、提高素质为特征和目的，这是实现思想政治理论课思想政治教育本质和目的的要求。安排和设计思想政治理论课实践教学，先要明确其教学的目的和方向，这就要根据思想政治理论课理论教学的特定内容，结合学生的实际来确定实践教学目标，以实现学生对理论的深入理解和认识。思想政治理论课实践教学要根据四门理论课程的特点和学生实际，构建适应各门课程教学大纲与教学要求的实践教学体系。

第一，紧紧围绕课程的理论教学内容来确定实践教学内容，通过实践环节充分剖析理论内容、加深对理论内容的理解，提高运用理论知识、发现问题、分析问题和解决问题的能力，真正做到理论和实际的结合，理论与实践的结合，这是实践教学内容的主体。

第二，对课程内容加以拓展和深化来设计和实施实践教学，力求贴近社会现实，贴近学生的实际，达到培养学生创新能力的目的。

总之，思想政治理论课实践教学的目的就是理论与实际（实践）结合，给学生拓展新的空间，增添新的内容，达到深化理论和拓展学生的知识面的目的，使学生在不断变化发展的社会实践中，更好地理解和掌握马克思主义理论体系和精神实质。

二、结合学校和社会要素，设计实践教学方案

组织思想政治理论课实践教学方案的设计，必须考虑和利用学校现有的各方面因素，必须考虑和利用与学校相关的社会因素，从而提高思想政治理论课实践教学的可操作性和实效性。

设计和组织思想政治理论课实践教学应考虑的学校因素有学校现有的设施、

设备及各方面条件；学校生源构成；所授课班级的辅导员（班主任）的情况及其性格、专业特长，所授课班级的学生情况、班风班貌、班团干部组织能力等情况及所授课班级学生社团活动的开展情况；学校的行业背景和与行业的联系状况等。

设计和组织思想政治理论课实践教学应考虑的社会因素还有学校所处的城市特点、城市区位、城市环境、学校周边的社区（或农村的村组）、工厂、军营、科研院所、历史文化场馆设施、爱国主义教育基地、和谐社会建设基地、新农村建设基地、法治教育基地、革命传统教育基地、红色教育基地等具体情况。

在设计和组织思想政治理论课实践教学时，充分考虑和运用这些因素，充分利用学校和城市、社会的这些有利于开展实践教学的因素，结合理论课教学，结合学生实际，就能最大限度地提高思想政治理论课实践教学的实效性，真正实现思想政治理论课教学在理论和实践的结合上使师生都有所收获。

三、结合学生发展，设计实践教学方案

组织实施思想政治理论课实践教学的根本目的，就是通过设计和组织实施实践教学，去锻炼和提高学生应用马克思主义的理论知识解决实际问题的能力；就是去锻炼学生的意志，去培养学生的情操，引导学生树立正确、科学的职业观、劳动观和就业观等。所以，思想政治理论课实践教学与学生专业发展和学生专业课程相结合、与学生专业实习相结合，是培养学生健康成长成才事半功倍的好事情。同时，思想政治理论课实践教学与学生的专业发展和专业课程的结合，也有利于实现思政课教师与专业课教师合作育人的大思政格局的形成，真正实现合力育人，全员育人。

四、结合社会形势和社会生活，设计实践教学方案

思想政治理论课的实践教学旨在培养学生在实际情境中认知社会和生活，以及锻炼并提高他们分析和解决具体问题的能力。在当前社会形势下，设计合适的实践教学方案尤为重要。例如，结合当前经济新常态的大背景，我们可以构建一个系统的思想政治理论课实践教学方案，旨在引导学生深入了解所在城市的产业结构优化情况，以及调研新老企业改革的具体情况。

首先，实践教学方案应当包括组织学生参观和调研所在城市产业结构的优化情况。通过这一步骤，学生将能够亲身感受并观察到城市经济的发展动态，从而更深刻地理解产业结构的调整对整个社会的影响。此外，这也有助于激发学生对社会发展的浓厚兴趣，从而提升他们对课程内容学习的积极性。

其次，实践教学方案还应包括调研所在城市新老企业的改革情况。这一步骤的目的在于让学生更深入地了解企业改革的复杂性和挑战性，培养他们对企业管理、发展战略等方面的思考能力。学生可以通过实地调研、访谈企业管理层及参与相关活动，全面了解企业改革的过程和成果。

在整个实践教学过程中，还可以通过组织学生进行讨论、撰写实践报告等方式，引导他们从理论与实践相结合的角度去分析和总结所获得的经验。通过这样的综合性实践教学，学生不仅能够增加对课程内容的理解深度，更能够培养在解决实际问题时的独立思考和团队协作能力。

五、全方位拓展思想政治理论课实践教学渠道

全方位拓展思想政治理论课实践教学渠道，引导学生广泛、普遍地参与深入生活、深入实际、深入基层、深入群众的实践活动，能够使学生在实践活动中达到升华思想、磨炼意志、增强社会责任感和历史使命感的目的和效果。

第一，实践教学与校园活动相结合。校园活动主要包括各种类别的学术活动、丰富多彩的文体活动、全校参与的庆典活动（入学典礼、毕业典礼、节日庆祝）、健康向上的社团活动等。思想政治理论课结合校园活动设计、组织实施实践教学，能使学生潜移默化地受到熏陶和感染，丰富学生的道德情感，提升学生的思想境界，培养良好的行为习惯和思想素质。

第二，实践教学与暑期社会实践相结合。思想政治理论课实践教学结合学工部、团委等部门组织的假期下乡活动、社会调查活动及节假日的普法宣传活动、禁毒宣传活动、环保宣传活动、学雷锋活动等，引导学生深入基层、深入实际，使学生接触社会、了解社会，学会适应社会、正确对待社会，正确处理各种社会关系和人际关系。

第三，实践教学与志愿服务相结合。现在各种志愿服务是学校组织较多、学生参与面较广的一项活动，也是思想政治理论课实践教学的重要载体。运用志愿

服务活动开展思想政治理论课实践教学，能缩小所学理论与实际的差距，弥合思想政治教育与社会现实之间的裂痕，激发学生的社会责任感和成才欲，使学生在实际活动中达到社会价值和个体价值的统一。

第四，实践教学与社会实践基地相结合。社会实践基地是思想政治理论课实践教学的重要阵地。充分挖掘当地资源，联系学校周边的城市社区、农村乡镇、厂矿企业、行政部门、事业单位、社会机构等，建立农村参观教学基地、企业厂区参观教学基地、爱国主义教育基地、革命传统教育教学基地等相对稳定的实践教学基地，有组织、有计划地安排学生进行参观学习、调查访问，了解农村发展现状，了解企业发展的成就和存在的困难，了解中国社会和中国革命的发展历史，使学生受到启发和教育，获取知识和经验，明确责任和义务，进一步激发学生探索的热情和爱国主义情怀。

第四节　思想政治理论课教学方法的创新

一、思想政治理论课的情境式教学

情境式教学在思想政治理论课中的运用具有积极性，它在激发学生学习的主体性、满足学生自我实现的需求、培养学生的创新能力等方面发挥重要作用。

（一）情境式教学的特征

学校要对学生进行政治素质、人文素质的培养，这离不开思想政治理论课程的主渠道作用。发挥思想政治理论课程主渠道的显性作用，提升教育水平，增强教育效果，显得更为重要。

情境式教学是我国近年来在思想政治理论课上较多采用的一种教学模式，它适应时代发展潮流，符合学生身心发展要求，是学生积极主动学习的过程，强调以学生为主体，强调学生在学习的过程中实现对所学理论的认同并转化为价值认同。

情境式教学作为一种新的教学理念的教学设计，是为了达到特定的教学目标，而对学习什么、怎么教学、达到一种什么教学效果进行的教学策划与构建。所谓情境式教学，指的是在教学过程中为了达到既定的教学目的，从教学需要出发，制造或创设与教学内容相适应的场景或氛围，引起学生的情感体验，帮助学生迅速而正确地理解教学内容，促进他们的心理机能全面和谐发展。

情境式教学是一种特定的师生交往方法，主要是以师生之间或学生之间的互动参与行为作为基本教学活动方式。情境式教学方法是在强调学生主体性和个体差异性的原则上，倡导学生参与教学过程，鼓励学生积极主动为教学设计出谋划策，实现教学设计多样化与互动化，进而提升教学效果，力求达到提高学生综合素质，促进学生健康和长远发展的一种教学设计。情境式教学通过问题情境或现实情境的创设，帮助学生在探究实践或解决问题的过程中自主地理解知识、建构意义，运用具体生动的场景，以激起学生主动的学习兴趣、提高学习效率的一种教学方法。

换言之，情境式教学使学生更加注重学习的步骤、学习的方法和过程，注重学生获得知识的途径和能力的培养。这种教学方法不是不注重结果，只是更加强调在过程中获得结果。教师在教学过程中对于学生起到引领、帮助、促进的作用。情境式教学的根本特征是主体性，它的运用既符合现代教学理念的创新，同时也符合思想政治理论课教学的本质认识，更符合学生思想认识发展规律。

思想政治理论课情境式教学对于转变思想政治理论课教师教学观念和学生学习观念，对于激发学生学习兴趣，获得具有吸引力的思想政治理论课教学效果，提高学生的综合素质，提升学校教师的教学水平，以及增进学校师生之间的情感交流具有十分重要的现实意义。因此，思想政治理论课要想成为深受学生喜爱的课程，实现教学目标，情境式教学无疑是一种创新的教学方法。

情境式教学相较于传统教学方法有着明显的特征，其表现为以下三方面：

第一，教学主体由单一的教师主导转移到师生互为主客体。在情境式教学背景下，原来传统教学过程中以教师为主体转向了师生成为相互平等、共同参与教学的主客体。学生可以敞开心扉、沟通交流，实现理论知识内化于心。教师依据教学目标和教学内容，对整个教学过程进行组织设计，需要思考在教学过程中如何更好地引导和启发学生进行学习，激发学生的学习兴趣和热情，不断促进学生朝着教学目标的方向发展。

第二，教师由单纯的知识传授转换为组织引导。在情境式教学中，教师不仅是知识的传授者，更是教学的组织者和调控者。由于思想政治理论课具有严肃的政治性和意识形态性等特殊性，因此决定了教师依然是教学的主导者，教师的教学责任依然十分重要。教师在情境式教学中，要根据教学目标和学生在互动中反馈的信息，自觉适当地调整教学内容和教学环节，引导学生按照预先设计的教学过程参与学习，避免课堂教学管理失控。

第三，学生学习由被动灌输转变为主动参与。情境式教学方法最主要的特征即鼓励学生积极主动地融入教学活动，参与到教学过程中来，成为教学的主体，从而体会自主学习的乐趣。在情境式教学下，通过沟通交流、分享体会学习经验，会激发学生浓厚的学习兴趣，使其获得满满的成就感。同时，通过情境式教学的互动，不仅能使学生善于发现问题、解决问题，还能使学生的实践能力得到锻炼和提高，培养了他们合作学习的团队精神。

（二）情境式教学应用于思想政治理论课教学实践的前提

1. 顺应思想政治理论课的教学改革趋势

新形势下，为提高教学质量和教学实效性，就要对教学方法不断改革，不断创新和发展。思想政治理论课对培养当代学生成长成才承担着重要的责任，因此思想政治理论课的教学改革势在必行。情境式教学方法给思想政治理论课的教学方法改革带来了全新的思维视角。思想政治理论课历来受到国家的高度重视，学校投入了大量的时间和精力，通过各种手段进行教学改革，试图提升教学质量，增加学生的获得感，但传统教学方式已经不能满足学生的多元化需求。采用情境式教学可以突破传统教学方法，为思想政治理论课教学方法改革提供新的视角，提供一种可选择的方案。

2. 培养高素质学生的必然要求

在新形势下，国家和社会对人才的综合素质的要求不断提升，尤其要求学生具有良好的思想政治素养。当代学生是在改革开放事业走向深入，在国家经济社会快速发展，同时各种矛盾冲突凸显，价值观念不断碰撞，网络信息突飞猛进的时代成长起来的新一代学生，他们是有思想、有个性的一代人。同时，在社会发展过程中，学生会接触到各种新的思想和观念，面对良莠不齐的社会现象和观念，如果没有良好的素质他们很难明辨是非。

思想政治理论课具有鲜明的阶级性、意识形态性和价值取向性，它通过理论的学习，对学生的思想和心理施加影响，引发学生认知的变化和思想境界的提升，形成正确的思维方式、价值取向和独立人格，使学生具有符合国家意志的思想政治素养。思想政治理论课不只是知识的简单记忆和重构，且是在知识学习的基础上，构建学生精神世界。这个过程不会自然形成，也不会在外力作用下被迫形成，而是内心世界对外界信息刺激的接受和认同。

在教学过程中，教师采用情境式教学设计，组织一些教学活动，有目的地引导，需要教师在教学的各个环节坚持理论联系实际，使学生以主体的身份参与教学过程，激发学生学习的积极性和创造性，调动学生学习和思考的兴趣，用学习的理论和原理分析问题、解决问题和发现问题，这些问题能够让学生在思想交流、交融，甚至碰撞中明辨是非，形成独立之思想、批判之思维和独立之人格，从而提高学生素质，这是培养高素质人才的必然选择和要求。

3. 提升思想政治理论课吸引力与实效性的需要

思想政治理论课是对学生进行马克思主义理论和思想政治教育的主渠道和主阵地，在思想政治理论课教学中，实效性是其生命线，而作为传播、宣传马克思主义理论意识形态和理论成果的思想政治理论课教材体系，有严谨的"文件语言"表达方式或"模式化"和"权威性"的话语体系。同时，当前我国思想政治理论课教学普遍存在合班讲大课的授课方式，课堂教学效果大打折扣。

教师通过在教学中采用情境式教学方法，能够增强思想政治理论课程的知识性、新颖性和趣味性，给枯燥、刻板的理论教学带来灵气，真正使得教育者与受教育者融为一体，使马克思主义理论真正走进学生头脑和内心，使思想政治理论课成为学生真心喜爱、受益终生的课程。教师用"晓之以理"的方式把正确的认知传授给学生，学生心灵才能受到触动，学生才会接受认知，才会坚定意志信念，追求正义和真理，把内在的品德化为自觉的行动。学生主动参与、亲身参与，通过讨论、交流、审视、比较、辨别和理性选择，形成正确认知和观念，实现教学效果。

4. 提高思想政治理论课教师素质和教学质量的必然选择

教学质量是教学的生命，提高教学质量的关键是教师的能力和素质。在思想政治理论课开展情境式教学改革，对教师的知识素养、管理能力、信息化水平等提出了更高的要求。通过思想政治理论课课程情境式教学设计的运用和实践，可以让教师拓展知识和能力的发展空间，提升教师的业务素质，充分调动教师的教学积极性。

同时，教师在情境式教学工作中不断总结和推广成功经验并对教学工作中存在的不足及时纠正和改进，从而促使教师不断探索和尝试新的教学方法，积极推动思想政治理论课课程的教学方法的改革，营造一种积极的、注重教学、热爱教学、追求卓越的氛围，促进思想政治理论课教学质量和水平的不断提高。情境式教学方法作为一种新生事物，强调学生积极主动地学习，目的在于提高学生的学习兴趣，这就要求教师重新定位角色，由知识的传授者变为学习的引导者和促进者，加强人文关怀，体现思想政治理论课立德树人的本质要求，这也使得思想政治理论课教师面对巨大的挑战，顺势而为，积极提升自身综合素质，满足教学对象的需求。思想政治理论课教师要有时代使命感，注重自身教学能力的提高，从而确保教学的高质量和高效率。

（三）情境式教学在思想政治理论课教学实践中的优势

1. 增强教师主导性

在教学过程中，教师的作用是非常重要的。思想政治理论课的教学效果如何，教师起到关键的作用。情境式教学模式的特点是教师应注重拓宽学生的视野，激发学生的学习兴趣，最大限度地提高学生的学习能力。教师应改变传统教学理念，改变"教师讲学生听"的灌输式教学方式，在课堂教学中，教师平等对待学生，以学生为本，以教学内容为核心，引导学生思考，积极参与教学，师生共同交流讨论。

同时，教师要引导学生关注时事和社会问题，并通过对时事政治及社会问题的了解与思考，做到具体问题具体分析，将理论与实际相结合，树立学生历史思维和国际思维，分析、感悟问题的真正意义，从而培养学生辩证、客观、理性地分析和解决问题的能力。与此同时，思想政治理论课教师在开展教学时，要学会用人文教育与人文关怀教学理念来创设思想政治课教学情境，营造良好的教学氛围，更好地吸引和集中学生的注意力，让学生感受到教师的真挚情感，引导学生树立积极、正确的思想道德观念和政治观念，增强学生的集体荣誉感和爱国主义情怀。

2. 激活学生自主性

在教学过程中，教师与学生共同交流合作，共同创造平等、生动、活跃的教学环境，这是提高思想政治理论课的吸引力和感染力的主要途径。这一教学方法要求学生必须具有一定的自主学习能力，课上、课后积极配合教师工作，积极查询资料、组成讨论小组，完成各项任务。情境式教学方法的运用对提高学生学习思想政治理论课具有针对性和亲和力，如果实施方式得当，教师与学生都会体会到共同学习、共同进步的乐趣。为激活学生的学习自主性，应创新考核评价方法。

对学生思想政治理论课参与意识的考核，思想政治理论课教师应做到学生自我评价与任课教师评价相结合，学生个体评价与学生之间互评相结合，课堂表现与平时操行相结合，从而调动学生积极性和主动性。思想政治理论课的教学内容比较抽象、理论性较强，如何在教学中提高学生学习思想政治理论课的积极性和主动性，激发他们的学习兴趣和自主性是非常关键的因素。

（四）情境式教学在思想政治理论课教学实践中的创新路径

1. 情境式教学创建的原则

（1）开放性原则。当前学生在思想政治理论课学习中最突出的困惑是"为什么学"。以学生为本，就是要以情境式教学为切入点，从学生的思想实际和需要出发，"在行中学"与"在学中行"相结合的素质教育与科学育人模式的教学活动，使学生在学习过程中感受理论学习的魅力，认识到马克思主义理论学习对社会适应能力的影响，对个人成才的重要性，从而提高其学习积极性。

（2）交互性原则。有效的学习是教师和学生、学生和学生之间的交流过程，也是教师、学生、教学资源三者之间交互促进的过程。教师、学生、教学资源三者的相互促进能够促使学生不仅收获理论知识，而且在能力上也得到极大的提升。情境式教学方法的运用必须为学生提供相互交流、协作的学习环境，如鼓励学生通过讨论小组知识共享、经验交流、协作对话等完成互动，同时教师应充分研究和利用教学资源提供讨论主题和互动途径，引导学生积极参与讨论，教师及时提供反馈信息完成互动。

（3）主体性原则。思想政治理论课课程教学资源不仅是信息的堆积、展示，也不仅满足学生的被动学习，而是希望学生能够主动学习，从而达到思想政治理论课教学内容入脑入心。通过设计各种教学情境来满足学生学习需求，做学习的主人，要达到这一点，就必须创设各种丰富多样的学习情境，进而营造浓厚的学习氛围，引导学生沉浸于其中，达到较好的教学效果。

2. 情境式教学创建的"三个情境"

（1）创设虚拟情境。所谓创设虚拟情境就是在教学过程中，模拟某种具体的或典型的场景，让学生对这模拟情境中展示出来的问题情境进行思考、评析，从而通过创设问题情境，把知识与学生的日常经验发生互联，引发学生新旧思想观念上的碰撞，并激发学生的好奇心和求知欲。思想政治理论课要让学生通过创设的问题情境有问题意识，并参与其中展开教学。

例如，教师可以通过设问、提问、沟通等方式展开教学。设问就是教师设计问题情境，让学生带着问题随着理论的展开寻找答案，学生由迷惑到明白的过程，就是学习和掌握马克思主义理论的过程。提问就是针对讲授的理论向学生提出相应的问题，再引导学生正确地认识矛盾和问题，有针对性地解决学生的思想困惑和错误认识。讨论就是针对热点问题，通过专题讨论，让学生在争辩中加强正确认识，纠正含糊认识，改正错误认识。学生在情境式教学中，通过查找资料学习了理论知识，通过争辩形成了辩证的思维方式，通过思考形成了正确的世界观和方法论。创设虚拟问题情境，还创造了学生参与民主教学的氛围，提升了教学效果。

（2）再现真实情境。所谓再现真实情境就是把已经发生的事实经过组织重新呈现出来的教学过程。这种呈现不是简单意义上的举例说明或者完整复述事情的经过，而是要求教师必须将各种细节以恰当的方式，比如语气的变化、动作配合，还要加强多媒体手段的渲染，引起学生的重视，让他们有身临其境的感觉，从而让学生对事实的始末有较为详细的了解，并能做出合理的判断和对事情的剖析，达到更高的理论上的提升。之所以强调再现情境，不仅因为它有助于学生了解事实，也因为精彩的呈现能够吸引学生的注意力，这在日常课堂教学中十分重要。因为在教学中，教师常会举一些古今中外的事例来论证某个观点，如果教师能够对这些事例和故事进行精细加工，并以各种手段进行讲述，必然会取得意外的良好效果，甚至会吸引上课不注意听讲的同学重新关注课堂教学内容。

（3）构建现场情境。所谓构建现场情境就是课堂中以组织活动的形式或以突发的情况作为事例来进行教学的一种设计。现场情境的设计考验着教师的组织能力和应变能力，如果这个手段和设计能够运用得当，它既能活跃课堂气氛，拓展教学内容，又能训练学生的思维能力，提高学生分析和解决问题的能力。教师在课堂中可以采用以下形式创设现场情境：

第一，课堂辩论。课堂辩论就是教师根据课程教学内容，联系现实生活中的实际问题列出辩论题目，让学生在班内以小组为单位选择辩论主题，通过小组成员课后查阅资料、小组讨论、撰写辩论提纲后，在规定时间进行辩论。这种教学设计一方面考核学生对基本理论知识的掌握状况，引导学生主动运用所把握的基本立场、基本观点，认识、分析和思考、解决问题；另一方面又考查了学生的自学能力、采集和处理信息能力、分析判断能力、语言表达能力、合作交流和创新能力等综合素质。

第二，学生模拟教学。学生模拟教学设计就是选取教材中的某一个专题或某一章节的部分内容组织学生开展模拟教学的一种形式。在教学专题及教学内容的选择上，教师应充分考虑学生的实际状况，选择理论与实际相结合的教学内容，让学生用自己切身体会的事实和案例等积极思考。教师须提前把这项工作布置给学生，让学生有充分的时间收集资料，准备课程，同时教师要进一步设计好引导问题和总结环节，以利于学生更加深刻理解教学内容，深化理论上的理解。通过这样的教学模拟活动，可以强化学生学习理论的主动意识，从而达成思想政治理论课"三进"的教学目标。

第三，分析课堂现场的突发情况。在日常教学过程中，会有突发情况，比如有学生提出的问题教师没有任何思想准备，一时无法回答。针对这一情况，教师应避免仓促回答，可以首先承认自己暂时无法提供合理答案，并适时地把问题引向其他同学，让大家围绕这个问题来进行讨论。即使没有获得答案，但这个讨论过程本身就是一次有趣的思想经历，学生在这个过程中，会碰撞出精彩的思想火花。

3. 情境式教学创建的实现

（1）完善情境式教学设计，实现思想政治理论课育人有温度。以当下热门的话题及时事热点为话题，导引出课程内容。在教学内容充分理解的基础上，以教学目标为核心，设计规划教学内容，并要充分了解学生的知识程度与接受能力，选择适合学生的课题展开讨论，使每一个学生参与其中。教师既要让学生了解到更多书本之外的知识，又要调动学生学习的积极性，充分表达自己的所思所想，达到参与思考之目的。根据学生的个性及专业特点，合理安排课程讨论学习内容。根据学生的性格特点，合理安排学习小组，尽量让性格偏内向的学生与性格外向的学生组合在一起，增强学生团队意识，合理分工讨论学习内容，互帮互助，取长补短，达到学生参与学习的目的，力求教学效果最大化。

（2）拓展情境式教学内容，实现思想政治理论课育人全方位。

第一，细致设计教学内容。在课堂上，教师应结合教学内容，细致设计教学方案，突出重点难点问题。例如，可以通过提问的方式复习上节课所学内容，进而引入新的教学内容；引用名人名言、哲理故事等阐释相关教学内容。根据不同教学内容，具体问题具体分析，选择不同的教学方式，例如专题参与、辩论参与、案例分析参与等，多角度切入，多方式设计。

第二，掌握课堂节奏。根据教学内容的具体情况，掌握课堂节奏。学生是学习的主体，教师是学生学习的引导者。课堂上，教师要针对教学内容认真设计教学参与和研究的论题，引导学生思考，使其更加准确理解学习内容；耐心指导，掌控课堂教与学的节奏，使其更好地认同与理解思想政治理论课的教学意义，从而达到优良的教学效果。

（3）提高教师能力素质，实现思想政治理论课育人主动性。在教学过程中，教师既是教学的组织者，又是参与者，教师应不断提升自身能力，通过不断加强理论知识学习和研究，将自己的实践经验与理论学习研究的成果相结合，并对教学内容进行合理的整理与分析，以扎实的理论为基础，分析研究教学内容要求，以丰富多样的教学形式，将教学内容展现在学生面前，以促进学生更容易进入学习状态，更加彻底地接受教学内容，将抽象深奥的理论转变为深入浅出、通俗易懂的学习内容，这需要教师具备多方面的综合素质能力。思想政治理论课教师只有对有关理论有深入的研究，才能真懂，只有真懂才能真信，只有真信才能真用，只有真用才能把思想化为日常的言语行动，把理论转化为自身的政治素质，才能潜移默化地影响学生。同时，为不断提升思想政治理论课教师的能力素质，还应建立长效的思想政治理论课教师能力提升机制，加强教师能力培训，如进行理论培训、专题培训、心理学和教育学培训和信息化培训等。

在思想政治理论课教学中，单纯的理论教育形式严重缺乏学习趣味性，对于学生的学习兴趣，提高学习效果，具有非常直接的影响。因此，在教学形式上，要求教师应当建立有趣味性及情境式的教学方法，鼓励学生发展成为学习上的交际型人才，教师在鼓励学生参与课程学习中，可以锻炼学生的团队合作、语言表达等能力。通过理论与实践相结合的教学方法，在设计的模拟情境中适当引导，使学生在理论学习过程中，能够自发进行学习和深层的分析，真切体会理论的吸引力和感染力，其效果要比教师的一味讲授好很多。因此，应当鼓励学生主动参与学习，通过教师合理设计参与的论题，平等交流，沟通学习经验和方法，更好地提高学习积极性和互动性，激发学习理论的热情和兴趣，从而全面提升学习效果。

二、思想政治理论课的研讨式教学

造就未来社会需要的知识、能力、素质兼备并具有开拓创新、积极探索精神的人才，不是一蹴而就的，有一个逐渐培养、成长的过程。在思想政治理论课教学中运用研讨式教学方法可以为学生提供发挥的空间和舞台，引导学生探索和求知，有利于学生形成批判性思维，对提高学生综合素质具有显著效果。

(一) 研讨式教学的特征

研讨式教学是一种基于互动教学理论，注重发挥学生批判精神的教学方式，即教师教学实践过程中根据教学大纲的基本要求及学生身心特点和思想需求，深耕教材，提炼出教材重点、社会热点和学生关心的焦点问题，把问题研究、讨论贯穿教学过程，引导学生进行深入研讨，强调学生要主动参与问题探究，提出自己的观点，运用理论分析和解决问题的一种教学方法。

思想政治教育理论课研讨式教学方法打破了传统教学中授课的方式，能够使学生在知识积累的基础上进行积极的独立思考，是具有引导学生独立深刻思考功能的教学方法。

研讨式教学方法与原有传统教学方法相比较，具有明显的优势与特征，其表现为以下三方面：

1. 研讨式教学的针对性特征

以往的教学过程中，特别强调与教材和教学计划内容的一致性，偏重知识传授的完整性和系统性，加之某些思想政治教育课理论教学内容多，课时较多，很难做到对一个问题进行深入全面的解读，直接削弱了教学的实效性和针对性。而研讨式教学在教学内容上，重点突出，主题鲜明，对一个研讨问题和专题从不同侧面多层次、多角度进行教学，同时能够将理论与社会热点、学生所关心的问题进行有机结合，既可以从系统中挑选当下最适合开展的内容，也可以根据社会热点，重新构建教学内容，体现出教学的针对性。

2. 研讨式教学的探究性特征

研讨式教学的探究性主要体现在教学目标中。思想政治教育是分阶段分层次开展，需要根据受教育者知识结构的不同，调整教学目标。比如，中学阶段思想政治教育理论学习，其目的侧重知识的掌握，但思想政治教育面对的群体是学生，教学的目标不仅在于知识的传授，更在于探索精神、研究精神的培养，也就是要培养学生不仅"知其然"，更要"知其所以然"。

因此，研讨式教学不同于传统横向教学结构，而是从纵向角度开展教学活动，用连贯性、统一性的思维讨论分析这个问题，反而赋予了这个理论抽象性以外更为具体、更为丰富的时政内容，使理论同现实更好地结合。在教学过程中，教师备课思路清晰明了，学生学习易于"消化、吸收"，从而大大提高了课堂效率。同时结合启发讲解、探究讨论及课堂讨论的教学方式，让学生摆脱书本，真正懂得道理、学到知识，最终提高学生的思想政治水平。

另外，对于教师而言，研讨式教学可以兼顾科研和教学，将科研成果融入教学。研讨式教学不局限于思想政治教育理论学科中，而是要综合其他课程，如经济学、社会学、生态环境等，因此需要将繁杂的知识内容在各个学科之间穿插渗透。

3. 研讨式教学的开放性特征

（1）教学方法上，研讨式教学并非单一的教学方法，而是一个多方法的综合体。依据研讨式教学的教学方法和手段的开放和灵活多样，根据不同的专题内容，教师可以在教学过程中选用主题式演讲、社会热点问题分析、课堂师生互动、场景教学等不同的方法，这样可以激发学生的参与热情，促使学生积极思考，还可以运用多媒体技术组织学生观看历史影像资料，加深学生对特定时期理论形成的认同。

（2）教学主体上，研讨式教学能够打破"教师满堂灌、学生被动听"的传统模式，使教师充分发挥自主权和创造力，调动学生的学习积极性。教学主客体的开放及思想政治教育专题式教学，能够实现师生主客体适时变换。学生课前自主学习，查阅资料，课中教师引导学生，在讨论的过程中教师不仅是教师，同时也是学生的朋友，和学生成为良师益友的关系以达到师生互动，最后在总结环节实现教师学生主客体再次转换。

（二）研讨式教学应用于思想政治理论课教学实践的前提

1. 教师观念的转变

当前的思想政治理论课教学不同于传统的教学模式，教师不能像传统的教学那样靠一支笔、一块黑板进行教学，在网络信息化时代，教师的角色更像是学生的引导者而不是主导者，教师不是高高在上，而是要做好服务，为学生更好地答疑解惑。教师只有明确了自身的角色定位，才能更好地发挥作用。另外，随着信息化社会的高速发展，知识更新的速度不断加快，新的知识不断补充，这就需要教师不断地学习，转变观念，不断提升自己的专业素质，只有这样才能把最新的理论知识传授给学生。

2. 注重课程教学的情感性

在课程学习中，在设置认知目标、行为目标的同时，情感目标也要表现出来，尽量做到量化。教学过程中，教学资源不仅要有文字的形式，还可以通过视频、图示等更为生动的形式表现出来，或是结合现实生活中的热点问题、实践中的焦点问题以故事、案例的方式出现，这种生动、贴合实际的教学，才能让学生有强烈的情感体验，感觉这就是发生在身边的事，从而更乐于学习。另外，情境式教学还会通过交互实现情感的交流。通过学生之间的合作学习，学生不仅可以取长补短，共同进步，也可以加深相互理解、相互熟悉，减少学习的孤独感，增进友谊，获得归属感。在学习交流合作中，学生是情绪感受、认知学习的主体，整个学习过程中充满了浓厚的情感。

（三）研讨式教学在思想政治理论课教学实践中的优势

1. 提升思想政治理论课师生能力

（1）学生在研讨式教学中提高了自主学习能力。学生自主学习能力的提高是这种教学方法作用于教育客体最显著的效果。学生在研讨式教学的各个环节通过总结、分析、实践、质疑、批判、创新等方法整合自己收集的资料，从而形成自己对问题的判断。在这些方法的反复实践中逐渐提高了学生的自主学习能力，特别是提高了思维能力。

（2）教师在研讨式教学中提高了教学能力。研讨式教学方法的应用增强了学生的自主学习能力，同时对教师教学能力的提高也起到了促进作用，在同一教学过程中实现了师生能力的提高。对于思想政治理论课教师而言，除了需要掌握基本的教学能力，还需要具备"八个相统一"的能力，即"政治性和学理性相统一，价值性和知识性相统一，建设性和批判性相统一，理论性和实践性相统一，统一性和多样性相统一，主导性和主体性相统一，灌输性和启发性相统一，显性教育和隐性教育相统一"，"八个相统一"既是教学方法更是教师需要具备的能力。

2. 增强思想政治理论课的教学实效性

思想政治理论课实效性的提高是多种因素综合作用的结果。研讨式教学是一次重要的教学方法改革，它突破了传统思想政治理论课教学存在的"外在灌输式"的教学方法。"外在灌输式"的教学方法不能从根本上解决学生对世界观、人生观和价值观的认同问题。因为学生只是在被动接受知识的教育而没有形成自己的独立思考，未经自身独立思考的世界观、人生观和价值观，学生是很难在思想上认同的，这是造成思想政治理论课教学实效性差的根本原因。

研讨式教学方法更加注重学生在教学过程中的主体作用，更加突出问题导向，能够最大限度地调动学生的主动性和独立性，引导学生主动思考问题，而不是被动接受。学生通过积极认真的思考，认为教师传达的价值符合自身的经验感受和理性认知，甚至达到了情感上的共鸣，从而愿意主动认同。思想政治理论课实效性的提高应该通过学生积极思考来完成，因此研讨式教学方法具有引导学生独立思考的功能。

3. 实现思想政治理论课"八个相统一"教学方法的拓展

传统思想政治理论课教学在方法上比较单一，从而呈现出学生学习参与性不高、课堂活跃度低、学习效果差等弊端。单一教学方法无法完全激发学生学习的积极性，也不能引导学生较好地进行思考。虽然为了提高学生学习积极性和课堂活跃度，以往教学活动中也引入了视频、音频、图片、实践课程等辅助教学手段，然而这只是在细节上延伸了教学手段，并没有改变教师讲学生听的状态。

研讨式教学方法的引入实现了思想政治理论课教学方法的拓展，主要在于：教学环节实现了主体改变，从"单一教师主体"转变为"教师和学生双主体"。模式的转变使得功能也发生改变，教师的功能由原来的知识传播功能转变为知识传播加引导学生思考的功能，同时学生也由被动接受转变为主动认同，从而促使思想政治理论课的效果发生很大变化，实现"以育人为本"的教学理念和目标，这种教学方法的应用对学生成长成才的影响是长远的，甚至是终生的。

（四）研讨式教学在思想政治理论课教学实践中的创新路径

1. 研讨式教学创建的原则

研讨式教学方法的设计是教学实施的重要基础和前提条件，同时也是其重点和起点，这要求教师不仅熟悉教学内容，同时还需要对教材进行再整理和再创造，认真设计研讨专题和问题，达到突出重点、化解难点、解析热点的研讨式教学目标。研讨式教学方法的设计应遵循如下原则：

（1）坚持整合性和系统性原则。研讨式教学方法设计是对教材和教学内容进行二次创新、重新整合的过程，一方面，要在把握教材的基础上，突破原有的内容框架，重新对教材内容进行梳理、提炼和凝结，体现出对教材内容的整合性；另一方面，还要不脱离系统性，在搭建知识结构时同样要注重研讨专题内外部的逻辑性和完整性，注重学科知识的条理性与关联性。因此，可以说研讨式教学方法设计要坚持整合性和系统性原则，立足教材又高于教材。

（2）坚持时代性和针对性原则。思想政治教育理论课程是一门需要随着思想政治教育环境变化与青年学生主体意识变化而不断发展更新的课程。所以，研讨式教学方法应该紧跟时代步伐，反映时代诉求，做到立意新颖、紧扣学生的思想变化，问题设置要有吸引力和说服力，突出时代精神和社会发展趋势。这样才能让研讨专题内容更具鲜活性，才能吸引学生，提升学生的学习热情，从而增强思想政治理论课的实效性。当然，在设计研讨专题内容时，还需要注意个性化差别，尤其是学生的专业背景，不同的专业背景，学生思想政治教育理论的学习基础就有所不同，因此需要考虑到学生的接受能力，因材施教，具有针对性。

（3）坚持实践性和应用性的原则。思想政治教育课程最终落脚点是指导学生的未来活动，因此不能光停留在理论层面，而是要具有应用性和实践性。所以，教师在选择研讨专题内容时要避免单纯从书本到书本、从理论到理论的做法，而应将课程的重点内容整合凝练成不同专题，尽量寻找理论与实践的结合点，即要选择现实社会中涉及的热点问题，例如如何认识和解决社会不公，以及全球化等，这样就能够理论联系实际，结合现实生活中的案例来解读理论的具体应用，突出学以致用。

2. 研讨式教学创建的环节

以学生为中心的研讨式教学方法要通过教师精讲内容、师生探讨交流、教师点评引导、学生撰写心得、师生回顾总结五个环节完成教学和学习任务。

（1）教师精讲内容环节。教师精讲内容环节主要是教师重点讲述课程主要内容或串讲教学内容，让学生了解思想政治理论课的主要内容。这是研讨式教学方法得以成功的前提。教师要充分把握教学大纲，深刻领会教学内容，准确把握课程内容体系的逻辑关系及其要点的转换承接关系，同时要求教师在上课之前就搜集大量新鲜素材，精心选取有代表性的案例作为课堂教学的有力支撑和旁证，并强化材料的思想性和趣味性。在研讨教学过程中，教师切勿照本宣科，要与学生有情感交流。

（2）师生探讨交流环节。师生探讨交流环节主要围绕问题展开，以思辨为主要方式，教师提出问题、学生思考探究，这是研讨式教学方法得以成功的重要环节。教师根据学生掌握本课内容的情况，为激发学生学习思想政治理论课程的兴趣，需要提出几个跟课堂教学内容相关且学生感兴趣的热点问题或案例，供学生研讨。学生以几个人为一组，有组织地集体思考与讨论，在此过程中将自己的真实想法讲出来，并对别的学生的观点予以评论，使学生在分析讨论解决某些问题的过程中学习思想政治理论内容，接受思想教育。

（3）教师点评引导环节。在师生探讨交流环节探讨交流完成后，教师应就第二个环节探讨交流的情况做必要的点评，并对学生的思想和认识进行正确引导，以增强学生学习思想政治理论课的效果。这一阶段是研讨式五环教学法得以成功的关键。教师在总结时，应指出学生讨论中的正确认识和不足之处，并给予学生实事求是的评价，指出学生应该进一步努力的方向。教师做点评引导时，要做到点评目的明确，思路清晰，推理步步深化，点评简明；分析有理有据，语言博喻善引；方法循循善诱，循序渐进。通过教师的点评，使学生对思想政治理论课有所感悟、思想有所收获，认识有所深化、分析能力有所提高。

（4）学生撰写心得环节。教师点评后，要求学生课后根据课堂对思想政治理论课学习的内容进行回顾与思考，撰写心得，并作为平时作业。这也是研讨式五环教学法得以成功的重要举措。针对课堂教学内容和师生探讨交流的问题，教师要求学生写出思想汇报，即心得体会，篇幅不宜过长，不能空发议论，实实在在地谈出自己对某些问题的思想认识，例如学习思想政治理论课程后的思想收获，思想认识上还存在什么疑问等，学生都要按照教师的要求谈真实感受，要求切实感受写得具体。学生将写好的思想政治心得体会、政治小论文和调查报告交给教师。通过这种方法，使学生增强对所学的思想政治理论的理解及运用。

（5）师生回顾总结环节。师生回顾总结环节即学生典型发言、教师总结阶段。这是思想政治理论课研讨式五环教学法的最后一个重要环节。教师对每位学生提交的心得体会进行批改并写上评语，挑选一些有代表性的优秀的小论文，在恰当的时间，教师让学生在课堂上宣读，学生也可以要求宣读自己的心得或自由发言，师生之间也可以继续交流。教师要及时做总结。通过回顾总结，提高学生运用思想政治理论课的理论分析和评判社会现实的能力和水平。

总之，研讨式五环教学法中的五个环节环环相扣互相联系，又独自发挥着各自的功能。

三、思想政治理论课的问题式教学

"'问题导向'式教学在有效解决学生疑难问题的同时，也能充分满足高校思想政治理论课的定位和发展要求，还能促进教师教学能力提升。"① 坚持以问题为导向，激活学生主体意识，这是多年来开展思想政治理论课教学方法改革的经验总结。问题式教学的开展和应用，能有效地激活学生的主体意识，提高学生的学习效果，使学生能够在教师的精心指导下，带着问题去听课，带着感情接受马克思主义理论，从而达到增强教学目的，不断坚定学生的行动自觉。

（一）问题式教学特征

问题式教学最早始于"问题导向"。科学的发展就是不断发现问题，解决问题，进而发展问题的过程。问题式教学方法最初应用于医学教育，基本观点是以学生为主体，用"问题"整合相关学习内容，使学生通过发现、分析和解决问题的方式完成知识建构的教学和学习。其核心是教师以学生认知水平为出发点，围绕真实情境设计有逻辑、分层次、易启发的问题链条。

与传统教学方法相比，问题式教学方法具有自主性、启发性、探索性的特点，具体表现在以下三方面：

1. 问题式教学的自主性特征

问题式教学驱动了学生学习的内源性动机，在问题式教学中，学生不得不参与教学活动，有一定的强制性，但是在收集资料和对资料进行总结和梳理的环节中，学生可以发挥自己的主动性和积极性，按照自己的思维习惯去整合材料，这些自主性都能够激发学生进行学习的内源性动机，从而提高学习效率。

---

① 张文. 基于"问题导向"的高校思想政治理论课教学方法探究［J］. 黑龙江教育（理论与实践），2023（02）：1.

2. 问题式教学的启发性特征

相较于灌输式教学方法，问题式教学方法更加突出问题导向。学生参与研讨课的过程就是不断提出问题—分析问题—解决问题—进一步提出问题的循环往复过程，在此过程中通过教师的积极引导更能引发学生深刻的思考，在启发中使学生得到水到渠成的结论，有助于提高思想政治理论课的教学实效，促进学生对正确世界观、人生观和价值观的认同。

3. 问题式教学的探索性特征

问题式教学方法更能帮助思想政治理论课达到"八个相统一"的标准。问题式教学方法在构成要素、包含环节和运行机制等方面更能实现学生知识能力素质的有机融合，更能体现教学内容的前沿性和时代性，对学生而言是更大的挑战，更能提高思想政治理论课的高阶性、创新性和挑战度，有助于将思想政治理论课打造成金课。

(二) 问题式教学应用于思想政治理论课教学实践的前提

新时代思想政治教育面对多种新问题、新情况与新任务，使思想政治理论课教学面临着新的挑战，需要结合思想政治教育新发展新要求，突破思想政治理论课教学面临的问题、困难和挑战，实现思想政治理论课教学有效的改革，提升思想政治理论课教学质量。

1. 对教师的综合素质能力提出考验

思想政治理论课的内容相对枯燥、抽象、晦涩，很难引起学生的共鸣，很难达到入脑入心的教学效果。因此，教师需要针对学生成长成才的发展规律，设计教学内容和教学环节，这就要求教师应具有一定的能力。

在实施问题式教学过程中，教师对于课堂互动环节中的突发状况的应对能力也面临着一定的挑战。面对学生提出的各种问题和疑惑，教师应具有广博的知识和理论深度，才能很好地回答这些问题，同时，教师既要正面回应学生的问题，也要给予学生合理信服的答案，这些都需要教师在平时备课中予以充分准备，对教师整体的综合素质能力提出更高的要求。

2. 对学生的自主学习意识提出要求

问题式教学利用学生的求知欲和表现欲强的特点，鼓励学生参与到教学活动中来。学生要积极有效参与到互动教学中来，就必须在自主学习基础上，对学习目的和教学目标有清楚的认识，对教学内容和理论知识有系统的把握，最大限度地发挥学习主动性和创造性，学会自我学习、自我管理和自我发展，这对学生具有自主学习意识和能力提出更高要求。

3. 对教师的课堂管理的把控能力提出挑战

课堂上，教师和学生都是问题式教学的主角。教师与学生之间互动、交流、配合会直接影响到课程的教学效果。较之其他教学方法，问题式教学对思想政治理论课教师提出了更高的要求。教师作为主导者和引路人需要有很强的责任心和课堂管理能力。在实施情境式教学前，教师应做好充分的准备，力求做到教学内容丰富、教学环节和过程严密，这就要求教师要对教材体系有整体深入的把握，教师要花大量时间和精力进行情境互动教学设计，努力预判课堂出现的各种突发状况，从而采用不同的方式解决。

（三）问题式教学在思想政治理论课教学实践中的优势

问题式教学方法的运用，能够有效地提升学生的思辨能力，促进学生对思想政治理论课主导的主流价值观认同，增加学生对思想政治理论课的喜爱程度。

第一，有利于提升学生的思辨能力。问题式专题教学有利于突破思政教材过于理论的缺陷，通过问题的设计、专题的遴选，可以将思政理论研究的最新学术观点、当前国际国内发展形势和国家方针政策等内容融入课堂教学之中，同时可以把当前社会热点和当代学生密切关注的现实问题引进思想政治理论课堂，增强思想政治理论课堂的吸引力和活力，提升学生的思辨能力，提高思想政治理论课教学的实效性，最终让学生从心里爱上思想政治，让他们在对课程内容的深刻解读中把握和感受政治真理的力量。

第二，有利于发挥学生的个性。当前学生一个很显著的特点就是非常注重个性，同时还深受电子科技产品的影响，学习的集中度较低。思想政治理论课教学必须结合学生的特点，因材施教。问题式专题教学可以使师生在提出、分析和解决问题的过程中，激发学习兴趣，让学生参与和探究问题，培养学生的批判性思维，促进学生全面自由个性化发展。

第三，有利于构建和谐的师生关系。问题式教学方法的推广应用可以大大促进学生的教学参与程度，使学生对思想政治理论课转变为接受、参与和认可，学生的这种改变有利于构建和谐的师生关系，增强思政教师的职业幸福感。同时，由于教学相长的原理，有利于提高思政教师的业务素质和教育素养。

第四，有利于更好地适应思政理论的发展变化。虽然思想政治理论课教学内容不断与时俱进，其思政教材会定期地及时更新，但社会经济发展变化却是无时不在发生，问题式专题教学中教师可以对专题的内容及时进行相应的调整，不断地与时俱进。

（四）问题式教学在思想政治理论课教学实践中的创新路径

问题式专题教学将原来的教材体系转化为教学体系，在实践中有广泛的实际推广价值。在教学理念上，打破过去被动灌输式的教育理念，在教学中突出问题意识、启发意识，把学生的注意力从游离于思政课堂之外重新吸引到思政课堂中来，参与到思政教学过程当中，充分发挥学生的主体性。

1. 问题式教学创建的原则

（1）坚持启发性原则。在教学内容上，根据教材重难点、现实热点和前沿动态，以及学生的实际情况设计专题和各个专题的问题链，最终形成一套精练系统的符合学生特点的问题式专题化教学内容。教师发挥主导启发作用，学生发挥主体作用，这样既让学生学会相关思政理论，又解答了他心中的疑惑，最终达到思想政治理论课的教学目的，充分考虑学生的学习特点，最终达到知行合一的学习效果。

（2）坚持政治导向原则。问题式专题设计必须以社会主义核心价值观为引导，坚持正确的政治方向，让学生在认识理解国情中增强判断是非的能力、分析思辨的能力，为社会主义事业培育合格的建设者和接班人。问题的选择与提炼既要凝练严谨又要独具匠心，既有比较强的吸引力，又能解决学生的实际问题。要结合思想政治理论课教学目的，坚持正确政治导向，结合社会热点难点，结合国家方针政策，联系学科学术前沿，同时还要兼顾学生的思想生活实际，既符合教材的教学大纲，又兼具内容的逻辑要求，努力选取时代性强、容易引起学生兴趣的问题。

2. 问题式教学创建的环节

思想政治理论课教学问题的呈现应当适宜于学生的生活习性，便于学生接受，政治化的语言要向学术化的语言转化，理论化的语言要向生活化、图文化、网络化、幽默化的语言转变，这是问题呈现方式的重要变革路径。学校思政理论课努力尝试并有效实现这样的语言转化，才能让学生乐于接受、易于理解、入脑入心。在思想政治理论课教学中采用问题导入式教学法，主要包括以下五个环节：

（1）问题导入设计。问题导入式专题教学体系中要特别注重导入问题的设计。导入的问题要具有普遍性，这就需要思政教师对当下学生的思想情况、社会热点、理论重点进行调研，通过调研把学生最困惑、最关心、最敏感的问题找出来。采用启发式教学方法，设计的导入问题可以分层次不断递进延伸，把所有教学资源聚焦于解决问题上，通过问题链来组织教学，沿着问题层层递进、不断深入。

（2）引发学生提问。课堂教学中为了更好地适应问题导入式教学法的运行，先在班上对学生进行分组，每组 5 人左右，教师提供相应的参考资料给每个小组，在一定的知识阅读基础上，通过问题的比较、联想、反问等方式不断激发学生的思考，充分调动学生的主动性，帮助他们更好地进行资料的搜集整理，增强其分析问题、逻辑推理和概括总结能力。积极引导学生把自己最深感困惑、最关心、最感兴趣、最迫切想要弄清楚的问题提出来。

（3）课堂问题讨论。问题确定了以后，小组内先进行讨论，小组之间可以相互提问、相互辩论，真正收到真理越辩越明的效果。这样通过课堂讨论，学生可以先尝试着自己去解决问题，然后经过教师的指点，及时对同学的观点进行纠偏；同时教师还可以更深入地挖掘一些深层次有意义的问题，激发学生进一步的思考，使得他们可以更全面地认识和解决问题。

（4）问题分析总结。进行问题导入、学生提问和课堂讨论，在此过程中教师要充分解释和深刻剖析前面的问题，以达到真正为学生释疑解惑的目的，最后学生进行积极反馈，每个小组派一个学生代表进行总结发言。

（5）课后问题反思。问题虽然得到了解决，但是思考不能止步，还要积极引导学生课后对问题进行反思，各小组要积极总结自己在分析解决问题的过程中有哪些收获，还有哪些不足以后需要注意，每个学生写一个书面反思总结材料，这样才能全面提高学生的思辨能力。

第四章　新时代思想政治理论课的教学模式

第一节　思想政治理论课中的慕课教学模式

"充分发挥慕课优势，有效推动高质量的线上线下混合式教学，凸显教师在育人过程中的主导地位，将是培养符合社会经济发展需要的高素质专业人才的重要途径。"①

一、慕课运用于学校思想政治理论课的理论依据

慕课运用于学校思想政治理论课，受到学界和学校思想政治教育理论和实践工作者的极大关注。学校思想政治理论课为什么要引入慕课，慕课为何能够运用于学校思想政治理论课，是否具有合理性和必要性，这都需要一定的理论依据做支撑。马克思主义关于人的全面发展理论是慕课运用于学校思想政治理论课的根本出发点。同时，关联主义学习理论、行为主义学习理论、建构主义学习理论都是学校思想政治理论课应积极引入慕课的重要理论依据。

（一）马克思主义中关于人的全面发展理论

在马克思主义理论中，人的全面发展问题占据着重要地位。马克思、恩格斯科学地揭示人的全面发展丰富内涵，认为这是人的发展的理想状态。

1. 高度丰富的社会关系

在个人的全面自由发展阶段，人们广泛参与各个方面、各个层次的社会生

---

① 王少奎，张亚锋，王兰等. 慕课在高等院校本科教学中的应用概况与思考［J］. 高教学刊，2024，10（07）：37.

活，人们的社会关系高度和谐、丰富。地域性的个人为世界历史性的、经验上普遍的个人所代替。因此，马克思强调：个人的全面性不是想象的或设想的全面性，而是他的现实联系和观念联系的全面性。

2. 全面发展的能力

能力的全面发展，在人的全面发展中占据着极其重要的地位。马克思将人的体力和智力进行结合，称其为人的劳动能力。我们把劳动力或劳动能力，理解为一个人的身体即活的人体中存在的、每当他生产某种使用价值时就运用的体力和智力的总和。相对于体力的发展，智力的发展显得尤为重要。以前，人们主要通过体力和经验创造物质生产资料和个人价值；现在，智力逐渐超越其他因素，成为促进人与社会发展的最主要也最重要的因素。

3. 多样的需要

人们为了满足自身不同的需要，从事各种各样生产活动和社会活动，并在其中再次获得人的全面发展的动力和条件。人的本质力量得到新的证明，人的本质得到新的充实，这说明人的需要是不断变化并丰富多样的，人的需要的满足又会产生新的需要，正是在这样的过程中，人才能得到不断的发展。原始社会、奴隶社会及封建社会形态中，生产力水平低下，社会产品严重匮乏，人的基本生存需要常常得不到满足，人的发展程度必然不高。资本主义社会形态中，生产力快速发展，人的物质需要得到较大的满足，但精神需要却是贫乏的，这样的发展是有限的、片面的。在未来的共产主义社会形态中，物质产品和精神文化产品空前丰富，人们的物质需要和精神需要等都将得到极大满足。

4. 自由发展的个性

自由发展的个性与人的全面发展互为前提、互相促进。只有不断促进人的全面发展，才能更好地保持人的独立性和自主性。只有个人普遍得到全面发展，人类才能在自然界与人类社会中获得自由，成为全面发展的人。

学生的全面发展作为学校思想政治理论课的出发点和落脚点，人的全面发展理论作为思想政治教育的理论基础，对慕课运用于学校思想政治理论课具有重要的理论意义。在学校思想政治理论课中引入慕课模式，将更多优质的思想政治理论课资源进行分享和交流，这也是为进一步改善学校思想政治理论课，使其成为能够真正成为学生思想上、道德上、心理上的真实需求的成长课。

（二）建构主义学习理论

建构主义学习理论源于建构主义心理学思想。儿童在与周围环境相互作用中，循序渐进地建构起关于自己对客观世界、主观世界的理解和认识。在此过程中，儿童自身的认知结构得到发展并形成知识。学习最基本的原理就是发现。知识并不是单纯地来自客体或主体，而是在主体与客体之间的相互作用和相互联系的过程中建构起来的。建构主义学习理论的基本观点可以概括为知识观、学生观、教师观三方面。

1. 知识观

随着人类的进步，知识不断地变革、升华，知识是具有情境性的。在具体的问题中，学习者需要针对该问题的情境、自身的感觉和知识储备进行再加工、再创造，不同学习者对待同样的知识会有不一样的理解。对知识的理解，基于认知主体自身已有的经验背景进行建构，并取决于特定情境下的学习活动过程。知识是认知主体在建构的过程中产生的，具有相对的正确性。因此，任何一个时代的人都需要根据所在时代的环境和价值取向对前人的知识进行新的审视、修正或扬弃，发展出适合所处时代需要的新知识。

2. 学生观

学生在进入教室之前，已经对外部环境和内部环境积累了一些经验，并且几乎都有一定的认知和理解，学生的已有经验不能被忽视。教师不要企图将学生简单看作一个空瓶子，希望从外部灌注新知识，而是在学生已有的知识经验的基础上，引导他们丰富及调整自己的认知和理解，创造出新的知识经验。教师需要与学生共同针对某些问题进行交流和探索，了解学生想法，解答学生质疑，调整学生某些方向的偏离或错误的认知。由于经验背景的差异，学生对问题理解常常各异，在学习者群体中便构成了一个宝贵的生成性学习资源。

3. 教师观

教师应该支持并且必须引导使学生进行知识的构建。在这个过程中，教师从传统的向学生传递知识的权威角色转变为辅导学生学习的服务者。教师应该指导学生直面真实世界的复杂问题，引导学生了解真实世界的复杂问题会有多种答案，鼓励学生提出多种解决问题的观点和方法。教师要不断激发学生的学习兴趣，引发和保持学生强烈的学习动机，努力扮演好帮助学生建构知识的引导者角色。通过创设符合教学内容要求的情境，揭示新旧知识之间联系的线索。

建构主义学习理论认为，学习过程不是学习者被动地接受知识，而是他们积极地建构知识的过程。学习者为中心的并且真实的学习活动，学习者会产生浓厚的学习兴趣和动机。建构主义学习理论的知识观、学生观、教师观在慕课模式中都得到很好的体现。换言之，建构主义学习理论为慕课在学校思想政治理论课中的运用提供了强有力的理论依据。

（三）行为主义学习理论

行为主义学习理论又称刺激—反应理论，是当今学习理论的主要流派之一。行为主义学习理论的核心观点认为，学习过程是有机体在一定条件下形成刺激（S）—反应（R）的联系，从而获得新的经验的过程，这种刺激与反应直接的联结就是所谓的学习。以下是行为主义学习理论的主要观点：

1. 桑代克的试误说

学习是刺激—反应的联结：学习的过程是试误的过程。所有的学习都不是突然发生的，而是循序渐进地按照一定程序、步骤和顺序达到的。基本学习方式是试误学习，人类的学习方式会呈现复杂性和多样性，但本质是一样的。

2. 斯金纳的程序教学理论

程序教学理论主要学习原则有：积极反应原则，以问题的形式呈现学习内容，并对每个问题做出积极的反应；小步子原则，将学习内容按照它们固有的、内在的联系分成若干个小步子，进而编成程序；及时强化原则，在一个行为发生之后，紧接着再进行一个强化刺激，那么这个行为的力量就会得到增强；自定步调原则，教育要以学习者为中心，每个人的认知水平和知识储备是不一样的，不能强求统一的进度。

3. 华生的刺激—反应说

刺激—反应说认为应该更关注人的行为而不是意识，要以人的行为作为研究的客观对象，抛弃有关意识和心智的内容。学习的目的在于塑造一个人外化了的行为，因为藏于内部的心理状态是不可知的。学习是刺激—反应的联结，人的反应完全由客观刺激决定。

（四）关联主义学习理论

关联主义学习理论是一种面向数字化时代的学习理论或学习景观——关联主义。最近 20 年，技术重组并极大地改变了我们的生活、学习与交流方式。如果我们还恪守传统学习理念的话，势必会成为学习质量提高的瓶颈。

关联主义是一种经由混沌、网络、复杂性与自我组织等理论探索的原理的整体。在这种理论之下，学习是一种过程，这种过程发生在模糊不清的环境中，我们可将学习集中于专业知识系列的连接方面，借助这些连接我们都学到比现有知识体系更多更重要的东西。关联主义学习理论的主要观点有以下几方面。

1. 学习内容的可变性

关联能够改变习内容的内涵和语义，交织在各种各类关系网络中的学习内容被赋予新的意义。换言之，当内容置身于网络之中，内容就有了新的意义，这说明创建关联比内容更重要。

2. 学习内容的现实性

现在是知识经济的爆炸时代，并不是所有内容都是我们需要的，我们需要的是与我们密切相关的、符合所处时代和周遭环境的、实时的内容。关联主义的优势便在于它能实现学习内容的现时性、实时性，使学习内容对我们而言更有用途。传统的教材或手册很难满足我们这样的要求。

3. 学习内容的相关性

相关性是我们接受或者使用某一具体事物的必要条件。如果某一事物与人们的需要或者是关注的视角、方向不相关，就有可能不会被使用。在知识爆炸的今天，我们对待知识也是如此。因此，相关性越大，对主体的潜在价值越大。如果学习者认为学习内容与其相关性不大，他的学习动机和行动积极性就会受到影响。

4. 学习内容的复杂性和外部性

知识经济时代，信息横流、日新月异。在这样的情况下，我们必须掌握所有观点才能认清某一事物的全貌。但就目前的条件和水平而言，我们要完全正确地掌握、理解一个事物或一个领域的所有内容是不切实际且较为困难的，单个个体很难具备这种能力。这需要我们寻找新的学习模式，关联性的学习网络模型应运而生。通过技术的应用，学习者可以在这个新型的学习网络中按照自己的需要建立多个知识节点，每个节点储存或者提供学习者所需要的内容。因此，未来的学习者要掌握的核心技能就是在不同领域、观点和概念之间发现连接、识别连接，从而创建新的有意义的连接。

5. 学习的社会性

关联主义在强调学习者个体与学习内容的关系时，并没有也不会忽视社会性的问题。关联主义也认为，社会、社区和同学对学习具有重大作用，个人不能孤立地存在。

二、慕课模式下学校思想政治理论课的建设策略

慕课以其自身独特的教育观念、教学理念和教学模式冲击着传统学校高等教育的授课形式、教学过程和课程设计。慕课为学校思想政治理论课的教学改革提供了良好的契机和平台。对于慕课运用于思想政治理论课表现出的不足和提出的挑战，我们要积极应对，扬长避短。为此，我们要努力做好慕课模式下学校思想政治理论课的课前、课中、课后三个阶段的建设。

学校思想政治理论课的教学目标，主要有知识与能力、过程与方法、情感态度价值观三维目标。目前，国内学校思想政治理论课引入慕课模式的具体操作层面，概括起来就是，课前达成知识与能力目标，课中与课后达成过程与方法目标、情感态度价值观目标。

（一）慕课模式下学校思想政治理论课的课前阶段

在课前阶段，需要达成知识与能力目标。因此，该阶段师生之间的活动主要围绕知识性内容展开，主要涉及微课程的设计与制作、学生的自主学习等环节。

1. 构建微课程教学逻辑体系

教学团队在对教学目标、教学内容总体认识和把握的基础上，围绕教学重

点、难点、疑点，以提出问题、分析问题、解决问题为线索，细化主题层次，构建逻辑体系。教学团队根据教学大纲，对具体章节的内容进行梳理、归纳后，通过逻辑层次的细化，预设一级主题，然后把主题细化为二级、三级层次，如有需要可以再细化到第四层次。围绕一级主题的二、三级层次构成若干个微课程教学单元。

2. 制作微课程视频

慕课教学中主题设计这个最主要的部分已经解决，接下来就是微课程视频的制作。教师通过集体备课，选择部分擅长该内容的教师分别录制这四段微课程视频，每个微视频的时间为 8~10 分钟，组成 1 个课时的教学内容。每段微视频的尾声均设置 1~2 道作为通关游戏的问题，只有通过上一段微视频的游戏关卡，才能进入下一段微视频的学习。将录制好的视频、课程的参考资料、时事政策、社会热点问题等学习资料，一并放到慕课平台以供学生学习。

3. 开展线上自主学习阶段

教学团队将课程信息发布到学习网站上，学生通过浏览网站基本了解课程的内容和时间安排，学生可以根据自身实际需要在网上注册。学生的注册信息将被汇总，由教师组成的教学团队根据注册人数进行分班管理。

线上自主学习阶段，学生在教师的教学计划引导下，进行某一课时的自主学习。值得指出的是，在每一段微课程单元的视频中都穿插有小测试的游戏闯关环节，学生需要成功闯过上一关小测验，才能开始下一关的学习，只有成功闯过一个课时内所有小测验，自主学习阶段才算完成，而测试的结果也会马上反馈给教学团队。这样，原来课堂上用于传授知识的时间被节省出来。

（二）慕课模式下学校思想政治理论课的课中阶段

此阶段主要包括线上的社区交流及线下见面、小班讨论等。该阶段应特别突出学生的主体地位，教师只扮演学习活动的协调者和促进者。在此阶段，目前国内较为成熟的思想政治理论课的慕课教学中，分别按照 1∶50 和 1∶25 配备见面课和论坛讨论的辅导老师和研究生助教。辅导老师和研究生助教主要负责积极引导与组织学生就某个问题进行讨论，加深对知识的理解，学会用理论分析和解决实际问题的方法，最后负责归纳、总结课堂讨论的观点。一方面，在讨论互动中，学生体验着感情、思想不断变化的过程，最终对抽象的政治理论形成新的认知；另一方面，课堂讨论为学生营造了一个快乐、轻松的学习氛围，将知识的接受变为知识的互动，这种思辨式、互动式的教学，比单一的理论灌输效果要好，能达到知识培育的最优化。

1. 教师转变为学生学习的协助者

在慕课模式下的课中阶段，教师由决定者变为协助者，教师的实际工作量并未减少反而有所增加。教师除确保课程结构编排的合理性外，还要及时调整、优化课程内容，建立与学生的联系渠道，提供支持服务协助学生学习，并学会运用信息技术等手段搜集信息，及时掌握学生的学习动态等。

课中阶段的见面课，主讲教师、辅导教师、助教的工作重点就是组织课堂讨论、对学生的问题进行实时的答疑解惑，这是传统教学无法实现的。在传统课堂中，教师按照教学计划授课，为保证正常教学进度，无法在课堂上间断性地、及时地解答学生的疑惑，而思想政治课的主要任务就是帮助学生形成正确的世界观、人生观和价值观，因此，师生之间的实时交流对于思想政治理论课意义重大。利用慕课平台，可以实现学生有问题即时提问，教师即时解答的模式。一方面，能够真正形成师生之间的良性互动，推动思想政治理论课的转型；另一方面，一般学科中慕课所体现出来的教师人格魅力难以彰显的劣势，就能得到有效解决，进而最大限度地发挥慕课的优势。

2. 学生开展自主讨论

学生在完成自主学习后，将自己对课程知识的疑问，以发帖的形式放到学习网站的讨论区，同时利用诸如人人网、博客、微博等网络平台，将自己的心得体会、学习笔记与其他学生分享。这种互动和讨论对人文类课程来说尤其重要，很多时候不同的观点在网络空间上的碰撞会激发出新的灵感和火花。学生的讨论与发言，成为学生最终考核的重要组成部分。依照过来人网站等推广慕课的教育机构的调查及笔者的教学经验，有了分数的激励，大家会很积极地发言。在课堂上经过小组讨论和共同探究等环节，学生之间思想激荡、观点交锋，相较于令人昏昏欲睡的灌输式教学，无疑提高了教学效果，促进学生思考，并有利于更好地培养学生的民主参与意识、合作互助精神等品格，这相较于照本宣科的道德教育更有现实意义。

(三) 慕课模式下学校思想政治理论课的课后阶段

此阶段对于思想政治理论课而言，最适合的是安排实践教学，进行期末考试，颁发结业证书。

1. 实践性教学

实践性教学阶段，可以从无变有，从少变多，切实增加实践性教学的课时数，以弥补一般情况下慕课实践教学环节缺失的劣势。这里所说的实践性教学，包括社会实践、校内实践，即将政治理论与实际相结合，指导学生到实践中去调查研究，分析和解决社会问题。学生可以围绕一个主题，组成社会组织实践的小组，在教学团队的支持下开展各种形式的社会实践。这不仅有利于促进学生加深对马克思主义基本理论的理解，而且可以帮助学生建立起协作学习的关系网络，将知识学习变为社会协作化活动，学生将原本限于个体自身的知识培育变成了集体智慧的构建；同时，针对学生在课后继续学习所产生的新的认知，教学团队可以最终完善课程内容。为了更大地发挥慕课的优势，弥补其劣势带来的消极影响，建议在一般慕课流程的进阶自主学习、见面讨论课的基础上，增加一定课时量的实践教学环节。在课后阶段适当安排融入社会实践活动、系列专家辅导报告、辩论比赛、实时热点比赛、知识问答等实践教学环节。

第一，社会实践方面。在思想政治理论课的课内、课外，社会实践活动都是学生了解社会、认识社会、深入社会的很好的途径。第二，校内实践方面。校内实践也是学生交流、学习的重要环节。在慕课的课程设计上，除了小组内的讨论与交流之外，还可以在课后组织小组间的辩论赛，辩论的过程中不仅使这两个小组受益，针锋相对、唇枪舌剑的辩论也会让课堂更有趣味，吸引学生的关注。同时，时事热点比赛和知识问答等活动形式也能达到类似的效果。

当然，慕课模式下的思想政治理论课实践教学环节的具体操作仍然需要教师团队的统筹和安排，由主讲教师布置实践专题或设计调研内容，由助教带领小组参与社会实践或者开展其他第二课堂活动。将实践教学的精彩过程通过 PPT、视频、调研报告或其他载体形式表现出来，发布在论坛或社区上公开分享。

2. 期末考核

在慕课模式下，对学生的期末考核仍然采用线上测试的方法完成，这样可以不受空间的限制。但这要求教师和教学管理者必须建立一套完备的在线试题库，进行合理的试题管理。

期末考核，不仅要参考学生的期末测验成绩，更重要的是依据大数据，参看学生平时学习、交流的各项细节数据，从而对学生做出公正、合理的评价。

以上的策略建设分析，主要是运用慕课的教学理念和技术，从课前阶段、课中阶段、课后阶段三方面对学校政治理论课的教学进行全方位的再造。目的是在一种轻松互动的非正式学习的氛围中，帮助学生在不同的阶段获得不同的学习体验，充分享受自我参与、自我组织的学习快乐，使思想政治理论课的学习不再一味的是枯燥知识的搬运，而是知识的生成与增长。

第二节　思想政治理论课中的微课教学模式

一、微课及其在思想政治理论课中的应用理论

（一）微课与思想政治理论课的理论基础

"思想政治理论课是高校思想政治教育的重要手段之一。"① 随着"微"时代的来临，微课以碎片化的学习方式渗透到高校大学生思想政治教育的方方面面。要想将微课应用到高校思想政治理论课教学中，就必须对微课的基本情况有全面的认识，只有这样，才能充分发挥微课在思想政治理论课教学中的作用。

1. 微课的相关概念

微课作为当今教育领域的一种新兴教学模式，其相关概念包括微格教学、微视频和微课。这些概念在教育实践中发挥着重要作用，通过对其进行深入探讨，

---

① 戴安. 思想政治理论课接受心理矛盾与对策 [J]. 大学教育，2023（13）：87-89.

可以更好地理解和应用这些教学模式。

（1）微格教学。微格教学是指利用现代化教学技术，在有限的时空内，培训师范学生和任职教师掌握某一技能技巧的教学方法。它通过缩小、精细化的教学环境，使学生更容易集中掌握特定的教学内容和技能。微格教学是一个可控制的教学环境，使学生集中学习特定的教学技能和内容。微格教学简化了教学过程，使学生更容易掌握。综合来看，微格教学是一种有效的教学方法，有助于学生快速掌握特定的教学内容和技能。

（2）微视频。微视频是随着数字技术和媒体时代的发展而兴起的一种新型影视化内容，通常在3~5分钟内在多种移动终端设备上播放完毕。它是一种便捷、人性化的自我传播方式，为公众提供了一种新的学习方式。微视频的特点包括时间短、速度快、内容精、适用于多种移动终端等。通过微视频，人们可以方便地获取各种知识和信息，丰富自己的学习和生活。

（3）微课。微课是以教学视频为主要呈现方式，围绕学科知识点、例题习题、疑难问题、实验操作等进行的教学过程及相关资源的有机结合体。对于微课的概念，学术界、教育行业并没有统一的界定。不同的学者和教育从业者对微课有不同的理解和定义。总的来说，微课是一种以在线学习或移动学习为目的的教学视频，时长通常控制在10分钟以内，内容围绕特定的学科知识点或教学环节展开。

2. 微课的理论依据

（1）个性化学习理论。个性化学习理论是一种重要的教育理念，它强调了学习过程应该针对每个学生的个性特点和发展潜能，采用适当的方法和手段，从而促使学生在各方面实现充分、自由、和谐的发展。在微课教学中，个性化学习理论也得到了广泛的应用和认可。

首先，个性化学习理论强调了学习过程应该根据学生的个性特点和发展潜能进行针对性设计。每个学生都拥有独特的天赋、偏好和潜在的优势，也有自己的弱点。因此，在设计微课时，教育者需要充分了解每个学生的学习基因图谱，根据其兴趣和特长来设计个性化的学习内容和方式。通过这种个性化的设计，可以更好地激发学生的学习兴趣，提高学习的积极性和效率。

其次，个性化学习理论强调了学习资源的多样性。每个学生都有自己的学习风格和方式，对于不同类型的学生，需要提供多样化的学习资源和教学方法。在微课教学中，可以通过多种形式的教学视频和学习材料满足不同学生的学习需求，从而实现个性化学习的目标。

再次，个性化学习理论还强调了学习价值追求的独特性。每个学生对于学习的目标和追求都有所不同，因此在设计微课时，需要考虑到学生的个人目标和兴趣，使得学习内容更贴近学生的实际需求，更符合他们的学习价值追求。

最后，个性化学习理论还强调了学习方式的自主性、合作性和探究性。学生在学习过程中应该具有自主选择学习内容和方式的能力，同时也应该培养学生的合作精神和探究能力。在微课教学中，可以通过设计开放性的学习任务和项目，引导学生自主学习和合作探究，从而实现个性化学习的目标。

（2）非正式学习理论。非正式学习理论强调了学习并不局限于传统的课堂教学和课程安排，而是可以在各种生活场景中自然而然地发生。与正式学习相比，非正式学习更加灵活，不受时间、地点、场景的限制，更具有社会属性和个体主导性。

首先，非正式学习的时间与地点具有相对的不固定性。正式学习通常在教室或有计划的课外活动中进行，而非正式学习则可以随时随地发生。例如，在工作、生活、社交等各种场景中，人们都有可能通过交流、观察、实践等方式获取新知识和技能，这种学习方式不受时间和地点的限制，更加符合人们的日常生活规律。

其次，非正式学习强调了学习场的重要性。学习场是一个没有边界的学习生态系统，在这个系统中，学习者可以通过与他人的互动和交流，以及与周围环境的互动和探索来获取知识和经验。与正式学习相比，非正式学习更加注重学习者的主动性和参与性，学习者可以根据自己的兴趣和需求选择学习内容和方式，从而更好地实现个性化学习的目标。

最后，非正式学习中的指导者具有很强的社会属性。与正式学习中的固定指导者不同，非正式学习中的指导者可以是各种各样的人，包括同龄人、家人、朋友、同事等。这些指导者可能并不具备专业的教学背景，但他们可以通过分享经验、提供建议等方式帮助学习者获取知识和技能，从而实现自我发展和成长。

（3）建构主义学习理论。建构主义理论强调了学习者在社会情境中的积极互动和主动探索知识的重要性。根据这一理论，学习不仅是对教师所传授知识的被动接收，而是一个学习者基于自身知识和经验，主动参与、积极构建知识的过程。传统的教学方式往往将教师置于主导地位，采用填鸭式的教学方法，而建构主义理论则强调学生的主体性，认为学生能够主动地、有意义地构建所学知识，这一理念在微课的设计和实践中得到了充分体现。

微课的学习内容通常以学习者的现实生活和真实情景为背景，通过将学习内容置于学生熟悉或身处其中的情境中，促使学生在主动探索中进行知识的建构。学生可以在这样的情境中自主学习所需内容，将所学知识与实际问题相联系，从而更好地理解和应用所学知识。这种情境化的学习设计有助于激发学生的学习兴趣，提高学习的动机和效果。

在微课的学习过程中，学生通过"同化"或"顺应"的方式来构建知识。同化是指学生将新知识与已有的知识体系相结合，将新知识融入自己的认知框架中；而顺应则是指学生通过与他人的交流和讨论，逐步调整自己的认知结构，以适应新知识的理解和应用。微课的设计应当充分考虑到学生的认知水平和学习需求，为学生提供合适的学习情境和支持，促使他们以主动、积极的态度参与知识的建构过程。

（4）细化理论。细化理论构建在认知学习理论的基础之上，旨在通过学习者现有知识与新学习内容之间的相互关联，促使学习者形成新的认知结构。这一理论最初由瑞格鲁斯提出，其核心内容包括一个目标、两个过程、四个环节和七条策略。

首先，细化理论的一个目标是按照认知学习的原理，合理而有效地组织教学内容。在微课的设计中，这一目标得到了充分体现。微课的设置旨在通过明确的教学目标，将课程内容划分为不同的单元，从而使教学内容更加具体和形象，有助于学生的理解和掌握。

其次，细化理论涉及两个过程，即概要设计和细化等级设计过程。概要设计阶段是从学科内容中选取最基础和具有代表性的初始概要，包括定义、概念实例和相关练习等，而细化等级设计阶段则是对初始概要进行逐渐加深式的细化，通过不断的细化，教学内容的复杂程度和精确程度得以提升，从而使得教学内容更加全面、深化和周密。微课的设计也可以视作是细化等级设计过程的体现，每个微课单元都是对总的教学目标的进一步细化和升华，使教学内容更加具体和生动。

在细化理论中，还包括四个环节和七条策略，这些环节和策略的实施有助于教学内容的细化和优化。在微课设计中，也可以借鉴这些策略，例如通过合理安排微课内容的组织结构和设置适当的学习任务，促进学生的深层次学习和理解。

3. 思想政治理论课的教学内容

思想政治理论课是一个专门的社会组织单位通过专业人员对教育对象有计划、有目的、有组织地传授社会普定的思想观念、价值观点、政治观念、道德模范等，使他们的行为符合社会的要求。目前，一些学校已经开始尝试以微课的形式开展思想政治理论课教学，微课成为理论课教学的新形式、新手段，对思想政治理论课的内容、实效性、受众的主体性及平台方面带来新的机遇，推动了思想政治理论课的发展。

（1）知识性与价值性的统一。把思想政治理论课作为一门学科来建设，构筑思想政治理论课的知识体系，既是对思想政治工作实践经验的理论化与系统化，也是思想政治工作从实践到理论的升华，学科建设是构造知识系统的创造性的理性活动。作为一门学科，知识性必不可少，要有教学的标准形式或标准样式、严密的实施方案等，在思想政治理论课教师的指导下，为了实现预定的教学目标，按照教学大纲的要求，通过教育与自我教育，理论与实践相结合的方式，利用文字、图片、影像资料等激发学生的积极性和主动性，达到知情意信行的统一，能够用马克思主义的科学精神、科学态度、科学方法来对待和研究思想政治工作。构建思想政治理论课学科知识体系，是思想政治教育工作适应新形势要求的必然选择。

思想政治理论课可以全面提高大学生的思想道德素质，树立正确的世界观、人生观和价值观，坚定对马克思主义的信仰和对社会主义的信念，懂得运用思想政治理论课的基本原理分析和解决现实问题，不断提高自己的修养，培养明辨是非、团结协作和不断进取的能力。思想政治理论课在引导高校大学生坚定理想、信念的同时，也为经济的发展提供精神动力和智力支持，坚持和维护了社会先进文化的主导地位，传播主流文化，承担着维护、完善、发展主流文化的职责。

思想政治理论课既包含知识性又带有价值性，是知识性与价值性的统一，通过系统地学习理论知识，为大学生形成主流价值观奠定理论基础，认清社会发展的历史趋势及正确走向，提供正确的行动指南和价值判断准则。教学过程中，找准目标，明确方向，在传授知识过程中贯穿价值观教育，在引导价值观的过程中传授知识，从而实现以中国特色社会主义体系指导大学生，引导大学生形成社会共识，形成良好的思想道德品质，能够运用正确的方法和态度去积极地思考并解决自己面临的重大问题，承担起建设中国特色社会主义的伟大使命，不断地提高政治觉悟和理论素养，切实提高高校思想政治理论课的实效性。

（2）理论性与实践性的统一。思想政治理论课的理论性，是指思想政治理论课要以马列主义、毛泽东思想和中国特色社会主义理论体系作为理论基础，运用马克思主义理论去指导实践，揭示思想政治教育的本质和规律，阐明思想政治教育的产生、变化和发展趋势，给高校大学生指明前进的方向；思想政治理论课的实践性，是指思想政治教育依赖大学生的社会实践，并为实践服务，还要接受实践的检验，离开了社会实践，思想政治工作就失去了意义。

思想理论课的理论性与实践性相统一，对实践中提出的问题必须坚持用马克思主义理论的基本观点去回答，进行思想政治理论课教育，必须从实际出发，根据实践的需要，并以现实为依据。坚持理论性和实践性相统一的原则，是加强思想政治教育针对性的重要途径，思想政治教育的目的是解决人的各种思想问题，由于人的思想问题是错综复杂的，思想状况的复杂性，决定了我们在进行思想政治教育的过程中，要针对不同层次的对象，根据不同的具体问题，因时因地、因人而异地做好各种各样的思想政治教育工作，切忌照抄照搬，盲目借鉴。高校思想政治教育缺乏针对性的重要原因之一，就是理论与实践相脱节，缺乏针对性的思想政治教育，不仅大大降低了思想政治工作的实效，还会引发人们对思想政治工作的逆反心理。

高校只有让学生参与和体验社会生活，将学到的理论知识与现实实践相互交融，才能使学生将来在参加工作、步入社会时具有实际的适应能力与改造能力，这才是高校思想政治理论课有意义的教学环节。

（3）情感性与说理性的统一。思想政治理论课是促进学生把自己对思想道德的认识和信念转变成相应的行为表现，在这个过程中，情感的变化是由内化到外化的催化剂和转折点。在思想政治理论课教学中，要注意运用理论课的情感性，做到以理服人，以情动人。教育者与受教育者在思想上的目标是一致的，双方应公平与平等地交流，尊重受教育者的主体地位，爱护学生的积极性与进取精神，了解他们的苦难，不仅给予物质关怀，还要给予精神上的关怀，从人的情感需求出发，营造和谐、融洽的良好氛围，双方相互信任与理解，与学生建立浓厚的感情，能够拥有共同的话题，可以引起情感上的共鸣，在日常交流中可以突出社会热点问题、难点问题等，只有这样，思想政治理论课才能更好地被学生接受，增强高校思想政治理论课的吸引力和说服力。

思想政治理论课的说理性是为了提高大学生的思想水平和认识水平，从而将其转化为良好的外在表现。理，是理论，真理，属于教学内容；说，是怎么说，如何说，属于教学形式。思想政治理论课说理性的最大优势是能进行全面系统的理论传授，可以通过课堂讲授、演讲、讲座、谈话等形式进行，理论知识不可能通过自发的形式产生，通过学习、宣传的方式谈论时事政治、交流思想、指导工作。进行说理教育时，一定要注意时机的把握和场合的选择，从学生的实际出发，明辨是非，要根据教育对象的认知程度，有分寸地摆事实、讲道理，同时要注意方法的合理运用，才能把道理讲透、讲明白，才能帮助学生提高思想认识水平。

思想政治理论课的目的，就是给高校大学生传递社会的价值观念，转化为内心的行为准则，必须具有鲜明的说理性特征，但当前大学生并不是被动的接收者，而是有血有肉的知识青年，有自己的评判标准与个性，在理论课教学中，一定要照顾好他们的情感，做到平等对话，倾听他们的意见，只有这样，思想政治理论课才能焕发出新的生机与活力。

（二）微课在思想政治理论课教学中应用的意义

1. 提高思想政治理论课的效率

微课作为一种创新的教学手段，在思想政治理论课教学中的应用意义重大，特别是在提高思想政治理论课教学的效率方面。随着时代的发展和科技的进步，微课以便捷、高效的特点，成为提升课堂效率的有效工具。

微课的针对性和精简性有助于提高学生的学习效率。思想政治理论课作为一门理论性较强的课程，内容繁杂，涵盖面广。传统的教学方式往往难以把握学生的学习重点，容易使学生感到困惑和压力。而微课的特点是将复杂的知识点以简洁、清晰的方式进行呈现，时长控制在十分钟以内，避免了信息过载和学习负担过重的问题。学生通过观看微课视频，能够集中精力、高效学习，更好地理解和掌握思想政治理论课的核心知识。

微课教学强调学生的主体地位，促进了教学过程中的互动与对话。思想政治理论课强调培养学生的思辨能力和批判性思维，而微课教学正是基于这一理念，通过短小精悍的视频内容，引导学生自主思考，启发他们对理论知识的深层理解和应用。与传统教学相比，微课教学更注重学生的个性化需求，充分尊重学生的学习节奏和方式，使学习更加自主、灵活，培养了学生的学习兴趣和积极性。

微课教学为思想政治理论课的多样化教学提供了可能。微课的形式多样，可以是讲解、案例分析、讨论等不同形式的视频，丰富了教学内容和教学方法，满足了不同学生的学习需求。教师可以根据课程内容和学生特点，灵活选择和使用微课，打破了传统教学模式的单一性，提升了教学的灵活性和针对性。

2. 增强思想政治理论课的吸引力

微课在思想政治理论课教学中的应用意义主要体现在增强教学的吸引力方面，与传统的课堂教学相比，微课具有更多的创新性和趣味性，能够更好地吸引学生的注意力，提高学习的积极性和效果。

微课教学通过精心设计的教学内容和形式，使得学习过程更加生动有趣。微课的制作通常会充分考虑到学生的兴趣和接受能力，在保证教学内容准确性的前提下，注重教学形式的创新和趣味性。教师可以通过幽默风趣的语言，生动形象的案例、图表等多种手段，使得微课的内容更加贴近学生的生活和实际，激发他们的学习兴趣和好奇心，从而增强课堂的吸引力。

微课教学采用了多种教学方式和方法，丰富了学习体验，提高了教学的说服力。微课不仅是简单的传递知识，而是更注重激发学生的思维和探究欲望。通过情境教学、探究式教学等多种教学方式的组合运用，微课能够使学生更加积极主动地参与到学习过程中，增强他们的学习体验和感受，提高了教学的说服力和吸引力。

微课教学借助互联网和新媒体技术的应用，为学生提供了更加灵活多样的学习环境。学生可以随时随地通过手机、平板电脑等终端设备观看微课视频，自主选择学习的时间和地点，更加便捷地获取知识。同时，微课教学还可以通过在线讨论、互动答疑等方式，促进师生之间的交流与互动，加深了学生对教学内容的理解和记忆。

（三）传统思想政治理论课课堂与微课教学的关系

1. 传统课堂是思想政治理论课的主要形式

传统课堂教学作为思想政治理论课教学的主要形式，在教育领域中扮演着至关重要的角色。经过漫长的历史积淀和不断完善，传统课堂教学已经形成了其独特的优势和价值，为思想政治理论课的教学提供了坚实的基础和有效的途径。

（1）传统课堂教学注重教师的主导作用，有利于教学内容的系统性和条理性。在传统课堂教学中，教师往往扮演着知识传授者和引导者的角色，按照教学大纲和教科书的要求，有计划地组织和安排教学内容，保证了教学的系统性和连贯性。教师可以根据学生的实际情况和教学目标，合理选择教学方法和手段，使得学生能够系统地学习和掌握思想政治理论课的知识，为他们的综合发展奠定了坚实的基础。

（2）传统课堂教学采取集体授课制，有利于提高教学效率和教学质量。在传统课堂教学中，学生通常按照年级和班级进行划分，年龄和知识程度相近的学生聚集在一起，形成了一个相对稳定和统一的学习群体。这种班级化教学模式可以更好地利用教学资源，降低了教学成本和学生学习费用，同时也便于实行规范化的教学管理，保证了教学进度的有序和教育质量的稳定。

（3）传统课堂教学能够促进师生之间情感上的交流和互动，有利于学生情感态度的转变和人格的培养。在面对面的教学环境中，教师可以更直接地观察和了解学生的学习情况和情感变化，及时进行指导和关怀，为学生的健康成长和全面发展提供了重要的支持和保障。同时，学生之间也可以通过集体学习和互动交流，相互促进，共同进步，形成良好的集体氛围和学习氛围，有利于培养学生的团队合作精神和社会责任感。

2. 微课是对传统课堂教学方式的有益补充

微课作为一种全新的教学模式，为传统的思想政治理论课教学方式带来了有益的补充和丰富。在微课模式下，学习者可以根据自己的时间安排和学习需求，随时随地进行学习，克服了传统课堂教学中时间和空间的限制。这种灵活性为学习者提供了更多选择和自主权，使他们能够更加有效地利用碎片化时间进行学习，真正实现了因材施教。

微课集中了大量优秀的教学资源，学习者可以根据自己的需求选择感兴趣的内容进行学习。这种个性化的学习方式有利于满足不同学生的学习需求和学习兴趣，使得教学过程更加贴近学生的实际情况，增强了学习的针对性和有效性。

微课的教学内容生动丰富，形式多样，更能吸引学生的注意力，激发学习的兴趣。由于微课一般时间较短，能够在短时间内抓住学生的注意力，有效地提高了学习效率。同时，微课还可以通过图文并茂、动静结合的方式，更加直观地呈现教学内容，有助于学生更深入地理解和掌握知识。

微课的应用不仅可以拓展学生的知识广度和深度，还能够促进学生的自主学习和创造性思维能力的培养。通过微课，学生不仅可以学习课堂内的知识，还可以了解更多相关的背景知识和扩展内容，丰富了学习的层次和深度，提高了学生的综合素质和学习能力。

然而，微课教学也存在一些不可忽视的缺陷和局限性。例如，学生可能因为缺乏自我管理能力而无法有效利用微课进行学习，导致学习效果不佳。另外，微课的制作和更新也需要教师投入大量的时间和精力，如果制作不当或内容陈旧，可能会影响到学生的学习效果和积极性。

因此，将微课教学与传统课堂教学结合起来，以传统课堂教学为主、微课教学为辅的教学模式，是一种更为理想的选择。在传统课堂教学中，教师可以结合微课教学的优势，灵活运用多种教学手段和方法，激发学生的学习兴趣和主动性，提高教学效果和教育质量。在这样的教学模式下，传统课堂教学和微课教学相互促进，互为补充，共同为学生的全面发展和素质提升提供支持和保障。

二、微课在思想政治理论课中应用的原则与途径

微课作为网络新媒体出现，符合思想政治理论课教学要与时俱进的要求，作为一种新的教学手段，与思想政治教育的功能密不可分。如何有效解决微课在思想政治理论课教学中面临的困境，使微课的独特优势在思想政治教育中得到充分

体现，从而提高思想政治理论课的教学效果，是当前高校教育者面临的一项重要任务。

（一）微课在思想政治理论课中应用的原则

1. 实用性原则

实用性原则是指在设计与开发微课的过程中要坚持实用为主，够用为度。微课是依据思想政治理论课的课程标准和实际教学需要所开发的一系列具有针对性和独特性的主题，能够抓住具体学科知识点和重点，并结合实际的教学活动，设计与制作的系统化的基础教学资源。微课是为高校大学生的学习服务的，所以，不管是哪种教学思路和模式，最终目的都是提高思想政治理论课教学的效率和将思想政治教育的实用价值最大化。课程设计之前，需要关注学习者想要的是什么，在看完本节微课后，能否将所学知识应用到现实问题的解决中。

并不是说任何知识点或教学内容都可以制作成微课，在课程标准的指导下，对知识点进行合理、适度的剖析和选取，并且与整个学科课程在整体上连贯一致，内容恰到好处，才能将其效益最大化，不然就是耗时耗力，做无用功。一切以学生的实用为中心，在实际教学过程中一定要追求实效，杜绝空泛。

2. 适度性原则

适度性原则是指在播放微课时要做到适量、适时，采用适当的方式和配以适宜的解说，简言之就是要把握微课使用的"度"。只有做到"恰当""适量"，才能最大限度地将微课扬长避短，发挥最大的教育作用。具体如下：

（1）适量。在教学过程中微课的使用要适量，长短、多少都要适度，根据具体的教学内容和教学目标来设定，片段不宜过多，容量不易太大，否则会使思想政治理论课课堂教学节奏失控，教学过程前松后紧，教学内容受到挤压，教学主题受到冲击。

（2）适时。播放微课时要善于把握学生的心理状况和实际需求，选择合适的切入点，在学生遇到困惑或参与性不高时，能够起到事半功倍的效果。

（3）适当。教师要根据教学内容的特点来选择恰当的呈现方式，对重难点问题和一般知识点采取不同的讲解方式，确定播放的顺序、次数和手段。

（4）适宜。教师在课堂引入微课之前，最好构思好相应的解说词，合理地引入微课中，观看完微课之后，见缝插针地提出问题。适宜的解说可以对微课起到锦上添花、画龙点睛和升华主题的作用。

3. 灵活性原则

灵活性原则是指在微课设计与开发的过程中做到技巧的灵活使用，内容的灵活调整，教师能够根据教学的不同内容选择相应的教学方法，激发高校大学生的学习动力，吸引学生的兴趣，牵引学生的思维和情感。坚持微课教学的灵活性原则，是为了解决在实践教学过程中会随时出现的突发情况，避免出现由于缺乏灵活性而降低教学质量的现象。教师在课堂教学过程中，要预先设置多种组织方案，教学设计要留有余地，当出现突发情况时能及时修改和调整原定方案。教学内容和学生认识在教学过程中都是动态的、不确定的、变化的因素，随时都有意料之外的情况发生，教师要随着课堂情况的变化对教学方法不断地进行调整，使教学能够顺利地进行下去，不至于偏离教学主题，从而达到启发学生发散性思维、多角度思考的作用。

微课可以灵活地应用到教学的任何环节，微课的开发与设计具有相应的配套课程，可以在课前、课中、课后任意地引入教学过程，微课时长短小的特点，不会对日常课程的教学活动产生干扰或影响。在课前，高校学生可以通过观看微课视频，自主进行学习，预习授课内容，直至掌握该知识点；在课中，微课只是课堂教学的一种辅助手段，课堂是答疑解惑的场所，当对知识有疑问时，集中统一播放，更加形象直观地理解该难点；在课后利用微练习、微反思等，通过反复观看课程视频，帮助学生自主补习、反复学习，直到能够熟练地应用到实践中为止。

4. 简明性原则

简明性原则是指微课在设计与开发的过程中坚持画面简洁，内容少而精，能够简单明确地反映客观事物，重点突出，一目了然，画面越简单，学习者的注意值也就越高，同时还要注意给学习者留下想象的空间，易被他们掌握和使用。微课是能够让学习者的学习不受时间和地域的限制，能够实时地进行学习的教学资源，因此，教学视频要兼容不同的播放环境，既可以在电脑上播放，也支持各种移动终端设备，所以，视频界面的设计必须直观，既简洁又美观，便于学习者操作。

简明性原则主要体现在：首先，微课内容要简明，不要列入无关紧要或没有价值的信息，同时还要避免出现知识点的重复，力求以最小的容量最快地解决问题，当学生对一个知识点不明确时，只需要观看相应的视频资源即可，而不牵扯其他的内容，针对性、目的性更明确；其次，微课时长要短，限于 5～8 分钟，符合视觉驻留规律和学生的认知特点，时间过长不利于受教育者注意力的集中，容易视觉疲劳，达不到预想的效果；最后，教师在录制微课时，语言一定要简洁凝练、清楚明白、诙谐有趣，同时还要插入相应的字幕，避免教师表述不清或学生没有听清的弊端，微课要让学习者易读、易懂，既具有趣味性，又具有易学性。

微课始终是传统课堂教学的辅助工具，在教学过程中起着配角和助手的功能，微课的使用不在于多而在于精，不是用得越多越好，而是越恰当越好。在思想政治理论课课堂教学过程中，应根据所讲课题的具体内容、学生实际情况与需要选择性地使用微课进行教学，提高课堂教学的质量。

(二) 微课在思想政治理论课中的应用方法

1. 开展现代教育技术培训

加强现代教育技术培训是为了应对高校思想政治理论课教师队伍在微课应用中存在的种种挑战和问题，保障思想政治教育工作的持续有效开展。在当今高校教育中，教师的素质和能力直接影响着教育教学质量，因此，通过有针对性的培训，提升教师的理论水平、实践能力和微课开发技能至关重要。

(1) 建立健全培训体系是加强现代教育技术培训的基础。高校应制订针对思想政治理论课教师的培训规划，分层次、有重点地进行微课培训，培训内容涵盖微课开发技能、教学理论知识、教学方法和素材采集等方面，使教师能够全面掌握微课制作的技能和理论知识，实现教师队伍的专业化和职业化发展。

(2) 开展专家讲座是提升教师微课理解和技能的有效途径之一。通过邀请专家学者举办讲座，教师可以深入了解微课开发与设计的原则、利用和管理的意识等方面的知识，同时学习视频、文字信息的处理能力和常用制作软件技术，从认知心理学和美学教育的角度掌握学生的心理变化和需求，使得教师能够更好地设计和制作适合学生认知水平的微课程，增强微课的吸引力和艺术感染力。

（3）加强教师间的交流与合作也是培训工作的重要内容。通过组织教师间的交流研讨活动，分享微课开发经验和教学方法，可以促进教师之间的学习和成长，开阔教师的视野，丰富微课的素材和内容，提高队伍的整体素质和教学能力。此外，鼓励教师开设小班研讨课，运用研究性、探究式的教学方式，引入新思路和新方法，不断创新教学手段和方法，发挥好引导学生的角色。

2. 建立长效的激励机制

思想政治理论课的内容具有时效性和更新性，而微课的应用则要求教师不断充实自己的理论知识、更新教学内容，因此，建立一套长效的激励机制对于促进微课的发展至关重要。

（1）教育机构可以通过肯定和赏识教师、学生对微课的积极参与来激励他们持续更新微课内容。高校思想政治理论课的教师通常承担着繁重的教学任务和科研压力，因此需要更多的时间和精力来投入微课的制作和更新中。通过将微课纳入教学整体规划，制订可行的教学方案和大纲，以及建立相应的绩效考核和奖励政策，可以有效调动教师的积极性，保障微课的持续更新和应用。

（2）建立评价激励制度也是推动微课更新的重要手段之一。高校可以定期举办微课教学比赛，将微课上传到学校网站上，并通过在线投票的方式对关注量和点击率进行统计和排行，设立多种奖项和荣誉称号，并配套一定数额的奖金或奖品，以此激励教育工作者不断创新、提高微课的质量和影响力。

（3）建立精神奖励和职务评聘机制也是重要的激励措施。在各类职务评聘中，可以设置微课教学相关的指标和要求，将微课教学能力作为评聘的重要参考因素之一，从而激发教师对微课教学的兴趣和热情，促进其持续更新和改进。

3. 开发相应的教育平台

开发相应的教育平台能够为思政教育提供更广阔的发展空间，打破传统教学方式的时间和空间限制，提升教学的灵活性和多样性，从而实现真正意义上的微课教学，促进教育质量和效率的提升。

（1）微课思政教育平台的设计需要建立在理论研究和框架结构的基础之上。

这包括对思想政治教育目标、教育环境、教育资源、学生自主学习、指导性学习及学习评价等方面的全面设计。通过明确的理论框架结构，可以更好地指导平台的建设和教学实践，确保教育平台的功能和效果。

（2）教育平台需要拥有数字化教学环境，以满足现代教学的需求。数字化教室的建设是其中的关键步骤，通过配备交互式智能白板、传感器、自动跟踪录播系统、实时编辑生成系统、网上直播系统等软硬件设施，可以实现以"学"为中心的新型课程组织形式的教学要求，提升教学的互动性和参与性。

（3）教育平台需要提供丰富多样的教学内容，以满足学生的学习需求和兴趣。内容的丰富性不仅要求内容质量的提高，还需要注重内容的引导性，确保教学平台内容与思想政治理论课教学目标一致，能够满足学生的实际需要和兴趣。同时，设置自学材料、拓展材料和在线测试等功能，可以为学生提供更加灵活的学习方式和评价方式，促进学生的深度学习和自主学习。

（4）教育平台的管理和维护是保障教学效果和平台稳定运行的关键环节。通过加强监控和定期检测网络服务器，可以有效防止不良信息的传播和技术故障的发生，确保教学平台的正常运行和教学秩序的稳定。同时，建立报修系统和提供技术支持服务，可以及时解决教师和学生在使用平台过程中遇到的问题，提高平台的使用率和用户满意度。

第三节　思想政治理论课中的翻转课堂教学模式

一、思想政治理论课中翻转课堂的类型

翻转课堂作为互联网时代的智慧教育，发挥着信息技术和教育教学高度融合的优势，对教学时空的创新规划和利用极大提升了教学效果。随着翻转课堂各种典型模式在思想政治理论课程中应用的深化拓展，根据其教学目的的指向不同，大致可以分为知识生成、能力培养、项目学习三种基本类型。

（一）知识生成

教育信息化的发展不断推动着教育变革，基础教育的内涵和方式也随之改

变，"生成"理念应运而生。知识生成的翻转思想政治课堂将生成性教学理念与翻转思想政治课堂教学理念有效结合，为思想政治课堂教学注入了新的生机与活力，从而有效促进知识的生成。

生成教学理念下的思想政治课堂不拘泥于预先设定的固定不变的程序，而是在预设目标的实施过程中开放地纳入直接经验、弹性灵活的成分与经验，并积极鼓励师生互动中的即兴创造，超越目标预定的要求。翻转思想政治课堂教学理念颠倒了课堂结构，使得知识学习发生在课外、知识内化发生在课堂。知识生成的翻转思想政治课堂有效地运用生成教学理念，实现课前个性预学、课中知识生成、课后拓展提升。

第一，课前个性预学，孕育生成。课前，教师依据教学目标将图文和声像等相关学习资源推送至学生端；学生利用资源开展自主预习，整体感知阅读内容，为课中拓展阅读做好准备。同时，教师能够根据学生端反馈的学习情况做出适应性改变，灵活调整教学，为课中教学做好准备。

第二，课中情境感悟，知识生成。教师根据教学目标，通过视频、音频、图片等形式，或选择现实生活中具体的问题创设特定情境，使学生快速融入课堂情境中，为知识生成创造环境与条件；随之学生开展个性阅读，完成检测练习，学习平台记录并分析学生阅读检测情况，帮助教师引导学生知识生成；接着师生之间进行交流协作、展示汇报，教师引导学生合作交流、阅读分享等，以实现知识的动态生成。

第三，课后总结归纳，评价反思。课后，学生需要对阅读过程中的表现进行反思总结，或对阅读过程中创作的作品进行修改和优化。学生也可通过平台工具进行交流，碰撞思想火花，形成价值认同。

（二）能力培养

开展翻转思想政治课堂教学实践的目标是满足学生个性化学习的需求，尊重学生个体差异发展，实现师生多维互动及帮助学生提升自主学习与协作学习能力、信息素养能力、学科专业发展能力、创新思维能力和总结反思能力，实现深度学习、聚焦问题解决，进而提升创新人才培养质量。因此，翻转思想政治课堂在培养学生能力方面具有得天独厚的优势。

基于能力培养的翻转思想政治课堂将素质教育理念与翻转思想政治课堂理念有机结合，把学生能力的培养作为教学的中心工作，强调知识学习在课前、知识内化在课中，注重知识到能力的转化，主张能力与素质比知识更为重要、更为稳定、更为持久。

第一，课前前置预学，评价诊断。①明确目标，设计问题。根据时代需求、学习者特征（学习准备、起点水平和学习风格）和教学内容（内容是否适合翻转，技术能否支持）等要素，设计相关问题，引导学生预学。②提供资源，传授知识。教师提供学生自学资源，学生开展自主学习，参与线上讨论。③诊断学情，以学定教。教师根据学生的完成情况与存在的问题动态调整课堂教学，使其更为精准、更具针对性。

第二，课堂针对教学，内化知识。①教学反馈，明确问题。教师根据学生自学情况讲解知识薄弱点和盲点。②教师引导，互动探究。对课前预学进行反馈整理后，教师组织、引导学生进行互动探究，以激发学生学习兴趣，调动学生的积极性。③协作学习，解决问题。教师组织学生以小组的形式开展协作学习，共同探究学习问题，培养团队意识，锻炼协作交流能力。④巩固深化，总结评价。教师总结点评，学生巩固所学，并通过师生互动、协作探究、交流互动等活动，实现知识的二次内化。

第三，课后反思分享，拓展提升。学生利用平台查缺补漏，拓展训练，拓展知识广度与深度，从而提升综合能力。

（三）项目学习

基于项目学习的翻转思想政治课堂作为一种新型的课堂模式，更有利于发展学生的批判性思维、协作交流能力和问题解决能力，进一步突出学生的主体地位，实现知识的内化，从而促进学生的全面发展。

基于项目学习的翻转思想政治课堂模式，以真实的问题情境为基础，关注问题探究过程，强调小组协作，注重学生能力的培养。从项目实践与翻转思想政治课堂本质来说，两者均注重突出学生的主体地位，强调以学习者为中心，打破传统课堂中以教师为中心的教学理念，实现教为学服务，有效促进学生的全面发展。基于项目学习的翻转思想政治课堂模式也是由课前、课中、课后等环节组成。

第一，课前项目驱动，知识获取。课前主要进行项目驱动，知识获取。其主要包括两个环节：提供资源，发布练习；自主检测，交流互动。

第二，课中设计实施，知识内化。课中主要包括六个环节：①检测反馈，明确目标；②情境引入，分析问题；③确定任务，设计方案；④协作分工，活动探究；⑤展示汇报，分享交流；⑥项目评价，总结反思。在课中对项目进行设计实施、知识内化的过程中，教师应根据课堂实际情况，做好组织、管理和监督的工作，及时对学生开展项目学习活动的状态和表现进行跟踪，适时适度地给学习者提供帮助。

第三，课后项目完善，总结提升。课后主要进行项目完善，总结提升。学生主要是对项目的设计方案、项目的操作流程进行修改、优化、完善。学生通过学习平台进行交流反思，以进一步提升自身能力。

二、思想政治理论课中翻转课堂的实践特点

翻转课堂在许多方面都对传统课堂教学进行了革新，作为一种全新的教学模式，它具有一些颠覆传统课堂的突出特征。翻转课堂改变了传统的教学过程，对课堂时间进行重新规划与分配，在传授知识的方式方法上有所创新，促进了教师与学生身份角色的转变。

(一) 颠覆教学过程

对传统教学过程的颠覆是翻转课堂最为突出的特征。一般来说，传统教学的过程就是"教师讲授知识—学生完成作业"，这种教学过程把讲授知识的环节放在了课堂上，将内化知识的环节放在了课下，主要由学生自己完成。

翻转课堂的出现将这种教学过程彻底颠覆，它将讲授知识的环节置于课前，将内化知识的环节置于课中，将巩固反思的环节置于课后。具体来说，翻转课堂要求教师在课前就做好相应的教学准备，按照课程目标搜索、整理或自己制作教学视频，为学生提供充足的学习资源，这样可以让学生在课前就完成基础知识的学习，让教师在课前就完成教学讲授；在课中，学生可以在课前学习的基础上提出自己的问题与困惑，教师则能够及时地予以解答指导，并且，教师还可以组织

学生进行小组讨论、合作学习，让学生在课堂上就完成知识的内化；课后，教师同样可以为学生提供有针对性的学习资源，帮助其补充知识，巩固记忆，鼓励学生积极进行学习反思。

翻转课堂将传统教学过程完全颠倒了过来，并且对教学过程中各个环节的功能作用进行了重新定位。

（二）创新教学方式

翻转课堂的又一重要特征就是对教学方式的创新，其中最具代表性的就是短小精悍的课程视频，教学视频是翻转课堂教学资源的集中体现。

翻转课堂中的教学视频在一定程度上改变了被动的局面，学生可以通过短小但内容丰富的教学视频来接受知识，还可以根据自己的需求暂停、回放、慢速播放视频，这有助于学生把握自己的学习节奏与学习进度，充分鼓励了学生的自主性发挥。在课前或者课下观看教学视频，也会让学生更加放松，在一个相对舒适的环境中学习，不需要神经过度紧绷，如果有不懂的地方还可以反复观看，强化记忆。在之后的复习巩固中，教学视频也发挥着重要的作用。

（三）转变师生角色

教学过程的颠倒、课堂时间的重新分配自然也影响着身处课堂之中的教师与学生，翻转课堂的特征之一就是师生角色的转变。在传统课堂教学中，教师几乎占据着"主角"位置，但是在翻转课堂中，学生成了课堂的中心。学生在学习过程中遇到问题可以向教师寻求帮助，教师主要负责为学生答疑解惑，提供及时的、具有一定针对性的指导，教师从以往的讲授者变成了学习资源的提供者，变成了学生学习过程中的引导者和帮助者。这也代表着课堂的中心不再是教师，而是学生。这种身份角色的转变向教师提出了更高的要求，教师除了要具备讲授技能之外，还需要具备收集整理教学资源、录制教学视频、组织教学活动的技能。

与此同时，学生在这样的课堂上也需要充分调动自己的主动性，不能再被动地接受知识，而是要积极、主动地汲取知识、内化知识。学生成为课堂的中心，就意味着学生将成为知识意义的主动建构者，他们可以按照自己的学习节奏、学习步调选择合适的学习时间与学习内容，遇到较容易吸收掌握的知识可以适当加快学习速度，而遇到较复杂的内容可以放慢学习速度，反复观看教学视频，仔细探究学习。学生不能再一味地等待教师给出答案，而是要通过自己的努力寻找答案。此外，师生角色的转换也有助于拉近师生关系，对营造良好的教学氛围有一定的益处，师生之间、生生之间可以交互协作，学生可以在丰富的教学活动中掌握知识内容。学生角色由"被动接受者"变为"主动探究者"。

（四）重新分配课堂时间

对课堂时间的重新分配是翻转课堂的重要特征，具体体现在对教师讲授时间的缩减及对学生学习活动时间的增加上。在传统的课堂教学中，教师需要把大量的时间花费在知识的讲授上，学生就只能被动地听讲。

翻转课堂则改变了这一局面，它为课堂互动、师生答疑、探究讨论等教学活动留出了大部分的时间，期望学生能够在相对真实的情境中完成知识的学习，并且能够学会交流与合作。由于翻转课堂将教师的讲授环节放在了课前，因此它既保证了教学内容的充足，也有效活跃了课堂氛围，提升了课堂互动性。这种对课堂时间的重新分配有助于加强学生对知识的内化程度，深化学生对学习内容的理解。并且课堂交互性的提升对之后教师开展教学评价也有一定的帮助，教师能够通过学生的互动表现了解学生的学习状况，学生也能在教师的评价中进行反思，更加主动地把握自己的学习。可以看出，翻转课堂从整体上提升了课堂时间的有效利用率。

三、思想政治理论课中翻转课堂的教学流程

翻转课堂教学的课前环节是有效进行思想政治课教学的前提和基础，课中环节是思想政治课教学开展的主体和关键，课后环节有助思想政治课教学效果的巩固和提升，三者构成了翻转课堂教学流程的有机整体。

（一）思想政治理论课的课前阶段

翻转课堂这一全新的教学模式要想取得实效，需要发挥集体的智慧和力量。特别是在课堂教学前这一阶段，翻转课堂模式下的思想政治理论课程的备课设计、视频录制、学情分析等工作都须以教学组为单位有序推进。

1. 集体备课阶段

翻转思想政治课堂所包含的课前教学与课堂教学，两者是有机的整体和优势互补的关系，而不是相互重复的关系。任何一个环节进行得不好，都会影响翻转思想政治课堂的整体教学效果。因此，翻转思想政治课堂的实施需要教学组提前展开集体研究和整体备课。集体备课主要围绕课程内容和教学对象展开，即常说的"备教材"和"备学生"。所谓"备教材"就是要精准把握思想政治课程的教学内容和教学要求。"备学生"是提前了解学生人数、学生来源、学习基础和理论需求，有针对性地制作学习任务单、制作整合视频资源，以更好地引导学生展开课前学。在做好"备教材"和"备学生"工作的基础上，教师需要完成学习任务单的制作。

学习任务单是指教学组根据相应课程内容，以集体为单位对课程的基本目标、重难点、基本框架和知识提纲进行整合与罗列，再由教师根据学生认知特点与水平，指导学生学习方法与思路，布置相应任务练习以帮助学生巩固所学知识的一种教学工具。学习任务单可以以纸质的方式发送给学生，也可以以电子版的形式发送到师生共用的教学平台上。学习任务单能指导师生整体的教学活动，更为重要的是还能指导学生的课前学习。

2. 录制视频阶段

视频教学在翻转课堂的课前教学中起着重要作用。同样是学生学习的资源，和纸质的学习材料相比较，视频整合了声音、图像、动画等多种因素，更有利于刺激学生的多种感官，满足不同学习方式的需求。高质量教学视频中教师清晰、生动的讲解，对于学生的学习有极大促进作用。教学对翻转思想政治课堂的作用无疑是巨大的，设计出一节优质的、有效的思想政治课视频，需要把握好思想政治理论的学科特点，遵循以下原则：

（1）从课程特点出发。思想政治理论课程具有思想性、德智共生性、生活实践性的突出特点。其中，政治性是思想政治理论课程的根本特性，它强化课程的政治引领，要求引导学生坚定理想信念。德智共生性强调兼有德育课程的特质和人文社会科学的特有价值，要求用观点统率学科知识点，用学科知识点支撑观点，它将价值观教育和政治信仰建立在对人与社会的本质和发展规律认识的基础之上，培养学生的社会认知和参与能力。生活实践性主要强调了以学生的实际体验为基本出发点，引导学生在自主参与的过程中形成正确的价值理念和良好的道德品质。

教师在设计视频时，要把握好思想政治理论课程的特点，在多元开放的大环境中坚守社会主义核心价值理念，为学生做好正确的方向引领，体现政治课的德育功能和人文特性。

（2）突出"微"特性，兼顾完整性。翻转课堂教学视频作为微课的一个类型，包含与教学相配套的"微教案""微练习""微课件""微反思"及"微点评"等支持性和扩展性资源，形成一个半结构化、网页化、开放性、情景化的资源动态生成与交互教学应用环境。思想政治理论课程视频的完整性主要指整体结构的完整，包括有明确的教学目标和教学内容（学习单元、学习活动流程等），同时附有配套的练习或反馈。同时，完整性也包括相关知识内容的完整，即完整地呈现各知识点，不破坏其内部结构，要求做到实而不虚。

思想政治理论课程视频在设计时必须严格把控好时间。根据思想政治理论的学科特性，其概念、知识内容都不宜过分长篇大论。教学视频可以以短小精悍的呈现和元素丰富的画面吸引学生，改变学生对思想政治课的不良印象。因此，在视频的设计上，要注意避免时间上的无限制，注意在有限的时间内完成内容的表达，做到专、精、实。

（3）确保有效性，展现创造性。思想政治理论课程视频要在确保有效性的前提下展现创造性。思想政治理论课程视频说到底还是为思想政治课堂服务的，要提高课堂的质量和水平，就需要确保视频使用的有效性。思想政治课程视频的有效性评判标准在于视频使用是否恰当、是否能带来良好的课堂氛围、是否能帮助教学目标的实现及是否能带来良好的教学效果等。只有确保视频使用的有效性，才能充分发挥它的功用，提高课堂教学的有效性，完善思想政治理论学科的建设。

创造性则是要求视频设计是根据不同的教学内容，结合学生实际、地域特色等进行设计和创造，不能千篇一律，也不能照搬照抄。创造性是有效性的前提，也为视频的有效性创造了条件。无论是视频的设计制作，还是其他资源的预设生成，只有发挥创造性，突出地方特色，优于课本模式，才能真正发挥作用，吸引学生。

3. 自主学习阶段

翻转课堂由始至终强调的都是以学生为中心。翻转思想政治课堂是否有效，关键取决于学生的自主学习力。课前自主学习不仅考验学生独立学习的主观能动性，更直接影响学生课堂参与的深度和效度。提高学生自主学习实效，需要强化以下三点：

（1）强化学生的自学能力。学生自主学习须建立在正确的学习认识的基础之上。因此，先要端正学生对思想政治理论课程的学习动机，培养学生对思想政治课的兴趣，使学生以积极饱满的思想状态和精神面貌投入课程学习中，在学习过程中享受思想政治课学习所带来的欢乐和成就感，让学生乐学、好学。

（2）强化师生的沟通交流。通过拉近师生距离，及时对学生展开引导和帮助，听取学生对知识呈现的想法与建议，可以点燃学生主动探索、自主学习的热情，并对学生自学过程中出现的问题进行原因分析，帮助其改进不足，提高其自主学习能力，逐渐养成良好的具有自己风格的学习习惯。

（3）强化自主的学习监督。在翻转思想政治课堂学习过程中，学生可能由于自制力不强等原因，在完成任务过程中"借鉴"其他同学的劳动成果，出现"搭便车"现象。针对这种情况，教师可以采取的措施包括：分析教学管理系统中学生的教学视频观看痕迹（时长、快进等）的相关记录，并对"偷懒"的学生给予观察和考评；建议学生在观看教学视频后，在线梳理知识点或提出问题；在课堂上对学生进行随机抽问，并以小组最低成绩作为小组的成绩；对学生的阶段性学习成果给予及时反馈，尽可能了解学生自主学习的真实状况；要求学生按时提交学生评价量表，鼓励学习小组之间的相互监督，对于抄袭现象等不良情况给予惩处。通过以上监管措施，培养学生的自觉性与自制力，提高翻转课堂学习的自主学习效果。

4. 学情分析阶段

在课前阶段的学情分析，一般分两次展开。除了课程组在课程准备过程中展开的第一次学情之外，直接影响后续翻转课堂的就是第二次学情分析，主要是充分了解学生课前学习的效果。在信息技术和网络学习平台的支持下，教师基于数据分析来了解学生课前学习情况，学情更加客观详细。通过学习平台，教师可以清楚地知道学生网上学习视频的时间、开始的时间、结束的时间、中间停顿的时间、进阶作业完成的基本情况及所用的时间等。

针对主观性作业题，教师可以在学习平台上查看学生上传作业的情况、网上讨论交流的情况、提出的问题困惑及其得到的回应等。基于这些信息，教师整理在线讨论区学生集中提出的疑问、见解，以学定教，确定教学目标、内容、方法等，再次设计优化课堂教学设计，更加有针对性地展开教学和辅导，以提升课堂教学的效益。

（二）思想政治理论课的课中阶段

在学生课前自学、教师充分把握学情并再次设计优化课堂教学设计的基础上，展开"翻转后的课堂教学"。这一阶段的主要任务是发展学生高层次认知能力，帮助学生巩固内化知识，锻炼提升能力，着眼立德树人、备战育人，培养学生的情感态度和价值认同，提升学生综合素质。

1. 自学检测阶段

尽管学生课前通过自学微视频、教材和其他资料，对思想政治理论基础知识有了一定的理解和把握，翻转后的课堂教学的首要任务，也是翻转后课堂教学的第一个环节，还是要检测学生课前自学的情况，检测学生对基础知识和基本概念理解的程度。该环节的教学，正是翻转后课堂教学的导入环节，上课时，教师组织学生总结汇报视频学习的收获，陈述在课前学习中遇到的、希望给予帮助和解答的困难和疑问，再提出新发现的问题；教师做好板书与记录，并以学生自学情况及疑难问题为依据分组。

2. 合作交流阶段

以学生为中心，在教师组织指导下进行分组合作探究，这是翻转课堂的中心环节，也是翻转课堂区别于传统课堂，使师生得以角色互换、双向互动的主要途径。"在网络课程和实体课程的学生之间、师生之间能否进行深入讨论，有针对性地及时解决每个学生在学习过程中所遇到的问题，才是翻转课堂这种教学方法的核心价值。"① 因此，要实现学生全面发展，必须突出学生在教育过程中的主体地位，要求学生在合作中提高，在交流中成长。这个过程需要教师通过各种方法为学生创设有利于他们进行集思广益的条件和氛围，需要做到以下三方面：

（1）明确组内分工。翻转课堂必须积极调动每个学生有效参与到小组学习中，根据小组成员的实际能力进行分工协作：各组选派一名综合能力水平较强的同学担任组长，负责统筹和协调本小组成员有效参与课堂探讨活动；由学习能力突出，课堂积极性较高的同学记录并汇总各成员对问题的观点看法；由表达能力较强，思路清晰的同学负责汇报展示；为了提高个别学生的主动积极性，可以让这些学生负责在讨论过程中监督、评判各成员的配合情况并做好反馈记录。需要注意的是，需要根据不同的课程内容、活动形式、讨论主题、学生掌握程度来随时调整分工。

（2）展开多样活动。翻转课堂是一种综合多种教学活动、创设良好的情景氛围，引领学生展开小组讨论的教学模式。为避免翻转课堂上的探讨学习流于形式，教师需要以一定形式的教学活动来激发学生的求知欲望，带动学生积极参与到课堂探讨中去。教师设计组织灵活而科学的课堂教学活动时需要注意三个问题：根据教学内容进行优化选择、遵循学生学习特点、充分利用辅助教学资源。

（3）精心组织展示。学生在经过一定时间的小组探究讨论以后，需要派代表收集汇总小组成员对问题的看法，并进行当堂展示，以供教师和其他学习小组进行评价，这不仅使各组可以发挥的平台，也可以让教师充分了解各组对知识的掌握程度，为课后对学生检测评价提供参考。在成果展示环节，教师既需要针对组员的发言有选择地做好记录，也要适时进行必要的指导和纠正。

3. 教师答疑阶段

教师适时、适量、适度地答疑解惑，会直接促进学生在翻转课堂学习过程中有效吸收教师在课前传授的知识内容，起到总结、归纳和升华教学的重要意义。教师的答疑解惑应该包括个别指导及整体指导两部分。个别指导指在学生讨论过程中根据每组学生的讨论情况进行个别答疑解惑。整体指导指在学生探讨到一定

---

① 于歆杰. 以学生为中心的教与学——利用慕课资源实施翻转课堂的实践 [M]. 北京：高等教育出版社，2015：126.

阶段时，教师需要综合各组学生的汇报展示对问题进行系统化的总结和反思，梳理学习内容，强化学生对知识点的理解，使其形成全面、合理的知识结构。答疑解惑中，教师需要注意做到以下三方面：

（1）创设民主的教学氛围。民主的基础是平等，就是要转变理念、做到师生平等，这样才能拉近师生距离，学生才敢于提问、敢于表达。

（2）及时归纳反馈学生疑问。对某些错误的答案，教师要进行更正。对不完善的意见，教师要进行补充。但对某些开放性的问题，并不需要"统一认识"。教师对学生完成任务的情况进行汇总分析和归纳整理，了解学生学习中存在的问题，对已掌握的、还须进一步探讨的及可以拓展和深化的内容进行分类，进而设计课堂教学新方案。

（3）教会学生解题的技巧和方法。一方面，教师在对问题进行点拨总结时，要做到尊重学生的个性化发展，在学生理解范围内进行总结和归纳；另一方面，在不偏离方向的基础上允许学生对同一个问题有自己的见解，同时还需要结合问题的类型，教给学生必要的答题技巧，帮助学生构筑理论思维。

（三）思想政治理论课的课后阶段

课后环节，要求教师和学生结合实际情况对课堂的使用效果及所暴露出来的问题，进行及时的反思与评价。

1. 师生反思阶段

翻转课堂作为一种借助网络信息技术作为支撑，以学生学什么来决定教师怎么教的全新教学模式，对师生各方面的素养和能力都提出了很高的要求。由于并非所有思想政治理论课都适合全程使用翻转课堂进行教学，需要教师根据实际情况进行不同程度的翻转。同时，在翻转课堂结束后还要及时对翻转的内容和方法进行总结，为下一次教学的完善奠定基础。

2. 多维评价阶段

教学评价在整个教学中起到诊断、反馈、激励、区分、指导和管理的作用。因此，在翻转思想政治课堂的教学过程中也要重视教学评价。翻转课堂分为课前自学、课堂合作学习、课后运用知识三个教学过程，故其评价方式也主要针对这三个教学过程。由此建立的科学合理、动态立体的考核评价模式，不仅能够极大地提升学生学习的主动性、持续性和深入性，而且可以更好督促教师创新教学模式方法。

第五章　新时代思想政治理论课的教学过程

第一节　思想政治理论课教学过程的内涵

一、教学过程的基本内涵

教学是实现教育目的的主要途径和手段，是教师引导学生按照明确的目的、循序渐进地以掌握教材为主的一种教育活动。通过这种活动，教师有目的、有计划、有组织地引导学生学习和掌握科学文化知识和技能，促进学生素质提高，使他们成为社会所需要的人。

教学活动必须通过教学过程才能实现，教学过程即教学活动的展开过程。关于教学过程本质内涵的认识，不同的教育理论学派，认知与理解也不一样。例如，形式教育理论认为，教学是促进人的内在官能显现和成长的过程；认知主义教学理论认为，教学是知识授受和观念运动的过程，是习得间接经验的过程；行为主义教学理论认为，教学是个体亲身探索、操作而获得直接经验的过程；人本主义教学理论认为，教学是人性的表达和自我实现。

就目前国内教育理论界而言，对教学过程本质内涵的研究，主要存在以下观点：

第一，将他人的研究归纳为认识发展说、双边活动说、多重本质说、交往本质说四种观点，并认为教学过程是一个包括认识过程和交往实践两方面的活动过程，是一个认识与交往实践统一的过程。

第二，归纳出国内外对教学过程的三种比较典型的看法，并最终认为教学过程实质上是教师引导学生学习的教与学相统一的活动的时间流程。它的指称有三个层面：①一门课程从开始到结束的教学过程；②一门课程的一章或一个单元从开始到结束的教学过程；③一节课从开始到结束的教学过程。

第三，从决定教学过程的基本条件出发，认为教学过程是适应社会生活需要并促进社会发展的过程，是学生在教师引导下自觉能动地认识世界的过程，是促进学生身心发展的过程。

第四，从整体上和发展上进行研究，把教学过程分为四层：①从学生进入小学开始到大学毕业或受完一定阶段的学校教育为止，这是第一教学过程；②一门课程从开始到结束，这是第二教学过程；③一门课程中的一章或一个单元的教学过程，这是第三教学过程；④一点知识或一课书的教学过程，这是第四教学过程。

在国外教育理论界，关于教学过程本质内涵的研究，影响比较大的是苏联教育家达尼多夫。他认为，要正确理解教学过程就必须把它作为一个整体来考察，认为教学过程是教师活动和学生活动的一个十分复杂的动态性的总体，该过程有其内在的逻辑，由于这个过程内在的逻辑，教学过程的各个方面和环节总是处于复杂的相互作用之中，其中每一个方面和环节的运动最终都服从于整体的运动规律。

综上所述，教学过程是由多种要素多个环节相互作用所组成的一个十分复杂的、动态性的发展系统，是教师根据一定的社会要求和学生身心发展的特点，借助一定的教学条件，指导学生主要通过认识教学内容从而认识客观世界，并在此基础上发展自身的过程。而对于其本质的看法，则存在着特殊认识说、认识发展说、传递说、学习说、实践说、交往说、关联说、认识实践说和层次说等多种不同主张。这些观点是从不同层次、不同视角对教学过程进行的理论探讨，从不同侧面、不同维度反映着教学过程的实质。

目前，国内理论界对教学过程本质比较普遍的看法是教学过程是一种特殊的认识过程。教学过程是学生认识世界的活动，而这个认识过程的特殊性表现在认识的主体是正在成长中的学生，认识的对象是一定教材所规定的知识，认识的环境是在教师引导下的特定教学环境，认识的任务为学生把书本知识转化为自己的知识，使个体认识和人类总体认识达到统一。简言之，教学过程是学生在教师指导下由现实水平达到所需要的培养目标的发展过程。

二、思想政治理论课教学过程的本质

"高校思想政治理论课教学是对大学生主体进行以马克思主义和社会主义理论知识为载体的民族精神、世界观、历史观、价值观和方法论等为内容的教育实践活动。"[①] 高校思想政治理论课的教学过程，就是思想政治理论课教师按照国家规定的课程目标，有目的、有计划、有步骤地对大学生进行马克思主义理论教育和社会主义核心价值观教育，引导和帮助大学生树立正确世界观人生观价值观，培养担当民族复兴大任的时代新人的过程。这一教学过程离不开教师的"教"与学生的"学"。事实上，教学活动既不是单独的教师教授活动，也不是纯粹的学生学习活动，而是由教师教的活动与其所引起的学生学的活动有机构成的一种特殊的实践活动——认识复合活动。因此，思想政治理论课教学过程的本质，可以从教师、学生及教师与学生的交互三个层面进行探讨。

（一）思想政治理论课教学过程是特殊的认识活动

学生是思想政治理论课教学活动的主体，作为教育对象，学生的学习活动必然是一种特殊的认识活动。其作为认识活动的特殊性，主要体现在以下三方面：

1. 认识对象的特殊性

学生在思想政治理论课教学中的学习这一特殊认识活动的认识对象具有特殊性，表现为认识对象的多层次性。具体来说，思想政治理论课学生学习的直接认识对象，是马克思主义等相关的科学理论，而其根本的认识对象则是其相关理论所反映的客观对象。

（1）学生对直接认识对象的认识是一种理论层面的认识，是对认识的认识，它是学生认识客观世界的前提和思想武器，没有对理论的正确认识就无法形成对客观世界的正确认识。

（2）如果学生的认识只停留在理论认识阶段，而不能运用科学理论去认识和改造世界，那么就无法实现思想政治理论课最终的教学目的，思想政治理论课的

---

① 　熊雯，周全胜. 高校思想政治理论课教学的三重矛盾及其解决路径 [J]. 科教文汇（中旬刊），2017（20）：17.

教育教学也就失去了意义。这就是学生学习思想政治理论课这一认识活动的认识对象的多层次性特征，也是其认识特殊性的一个重要体现。

2. 认识目的的特殊性

实践是认识的出发点和归宿。学生在思想政治理论课教学中的学习这一特殊的认识活动，其认识的最终目的必然指向指导实践。而指导实践的前提，必须是学生正确掌握了科学的思想理论武器，充分认识了客观世界特别是人类社会发展的规律，因此，这是思想政治理论课学习活动最直接的认识目标。在此基础上，学生才能进一步树立正确的世界观、人生观和价值观，并以之指导自己的实践活动，最终实现思想政治理论课学习这一特殊认识活动的最根本的认识目的。

3. 认识方式的特殊性

人类对客观世界的认识有两种方式，即直接经验与间接经验。由于客观世界是不断发展的、无限的，个人通过自身直接经验而获得的认识势必是有限的。因此，人们要达到全面深刻地认识客观世界，必须以接受前人已经获得的认识即间接经验作为主要途径。思想政治理论课教学过程就是让学生认识人类经验中已经认识的客观规律，掌握人类经过千百年实践凝结而成的宝贵知识。因此，以接受间接经验为主，是思想政治理论课教学过程认识方式的一个显著特征。

（二）思想政治理论课教学过程是特殊的实践——认识复合活动

教师的"教"是一种特殊的实践活动，学生的"学"是一种特殊的认识活动，但二者并非相互独立、互不相干，而是关联紧密、相互影响的。二者必须通过一定的中介因素统一于思想政治理论课教学活动之中。这些中介因素具体包括思想政治理论课的教学内容、教学目标、教学环节、教学语言等，它们共同构成了思想政治理论课教师教学实践活动与学生学习认识活动的结合点，为二者的有机统一提供了可能性。

正确把握这些教学中介因素是顺利开展教师教学实践活动与学生学习认识活动的基本前提，其中充分发挥教师的主导作用是正确把握思想政治理论课教学中介诸因素的关键所在。只有思想政治理论课教师充分发挥自身的主导作用，合理安排教学内容，科学树立教学目标，全面把握教学环节，正确运用教学语言等，才能积极有效地对学生进行教育和引导，才能充分调动学生学习的兴趣和主动性，才能最大限度地激发学生的探索欲和认知热情，从而取得良好的教学效果。

总之，思想政治理论课教学过程本质上是一种特殊的认识复合活动，它需要一定的教学中介因素，将教师的教学活动与学生的认识活动紧密结合，共同构成思想政治理论课教育教学的有机整体。

（三）思想政治理论课教学过程是特殊的实践活动

思想政治理论课教学过程的特殊实践性是针对思想政治理论课教师的"教"而言的。思想政治理论课教师的教学活动，从本质上看必然是一种特殊的实践活动。这种实践活动的特殊性，具体体现在以下三方面：

1. 实践对象的特殊性

思想政治理论课教师的实践对象是自身具有主体性的大学生，而不是处于消极状态的没有主体性的物。这就决定了思想政治理论课教师在教学过程中，必须充分调动学生学习的积极性与主动性，引导他们发挥主体作用，变被动学习为主动学习，才能取得良好的教学效果。同时，大学生是一个具有鲜明特征的特殊群体，思想政治理论课教师必须准确把握这一教学对象特殊的思想特征与行为特点，积极开展思想政治理论课教学实践，保证思想政治理论课教育教学的针对性和实效性。

2. 实践方式的特殊性

思想政治理论课教师教学实践的方式是言传和身教。思想政治理论课作为对大学生开展世界观人生观价值观教育、解决大学生思想问题的课程，其教学实践的方式必须是民主的、说服教育的。这就决定了思想政治理论课教师的教学实践方式是言传与身教相结合。既要通过系统的马克思主义理论教育帮助大学生掌握马克思主义的基本原理，并学会运用马克思主义的立场、观点、方法去认识和解决问题，也要通过教师自身在日常生活中对马克思主义理论的积极践行，来说明和增强思想政治理论的科学性、正确性和说服力。言传，解决的是理论灌输问题；身教，解决的是理论实践问题。二者作为思想政治理论课教师特殊的教学实践方式，在思想政治理论课教学活动中，相辅相成，缺一不可。

3. 实践结果的特殊性

思想政治理论课教师的教学实践，其最终的结果必然指向大学生内在的思想和外在的行为的变化。一方面，它不同于一般实践活动以事物的外在形态的改变为实践结果，并且可以通过某种手段以量化的方式检验其合格与否。思想政治理论课教师的教学实践结果，只能通过学生言行的改变来体现，这需要对教育对象长期细致观察，是无法通过仪器或设备的测定而做出结论的。另一方面，与其他学科教师的教学实践相比，思想政治理论课教师教学实践的结果体现在大学生政治信仰、思想素质、人格发展与价值观完善等政治思想道德素质层面，其他学科教师的教学实践结果主要体现在促进大学生的智力发展与技能提升方面，两者之间尽管存在一定的相互促进的内在关联，但却有着根本不同。

三、思想政治理论课教学过程的特点

（一）认知性与延展性

思想政治理论课的教学过程是学生在教师的指导下特殊的认识过程。一方面，它与一般的人文社会科学类课程一样，都是通过教师的指导和讲授，帮助学生掌握知识理论、进行知识传递的过程。这就是思想政治理论课教学过程的认知性。另一方面，思想政治理论课特殊的课程性质又决定了它的教学过程不同于一般人文社会科学类课程的教学过程，即它是以信仰和价值观教育为最终目的的课程，因此，学生对一般知识理论的认知和掌握并不是思想政治理论课教育教学的终点。

思想政治理论课的教学过程需要进一步延展，即通过师生或学生间良好的互动等多种形式，实现思想政治理论等相关知识的内化，真正做到内化于心、外化于行，不断提升大学生的身心素质，促进他们政治思想的转变。而大学生思想政治素质的提高，往往体现于课外日常的学习、生活实践之中，从这个意义上来说，大学生的课外实践活动也可视为思想政治理论课课堂教学过程的继续和发展。因此，思想政治理论课的教学过程具有一定的延展性。

（二）双边性与周期性

思想政治理论课的教学过程是教师的教学活动与学生的认识活动在一定的教学中介因素的作用下共同构成的双边活动。思想政治理论课师生之间通过相互的作用，不断发生碰撞、交流与融合，在这个不断碰撞、交流与融合的过程中，势必不断产生新的矛盾，即新知与旧知、未知与已知的矛盾。为解决这些不断产生的新的矛盾，思想政治理论课师生之间继而又会发生新一轮的碰撞、交流与融合。这个循环往复的过程，不断将思想政治理论课教学活动推向前进。这就是思想政治理论课教学过程的周期性特征。换言之，思想政治理论课教师的"教"与学生的"学"在教学过程中体现为对立统一的关系，即通过不断的矛盾运动，共同将思想政治理论课的教学过程螺旋式地向前推进。

（三）实践性与现实性

思想政治理论课的教学过程是一种特殊的实践活动——认识复合活动。无论是教师的"教"还是学生的"学"，抑或是联结二者的、共同完成思想政治理论课教学活动的诸多教学中介因素，都具有显著的实践性特征。同时，思想政治理论课是对大学生开展系统的马克思主义理论教育的主渠道，马克思主义基本原理尤其是马克思主义中国化的理论成果，是对人类社会发展规律尤其是中国社会革命、建设发展规律的科学总结，思想政治理论课的教学过程就是对大学生进行马克思主义理论宣传教育的过程，也是引导和帮助大学生正确认识人类社会发展规律、中国革命历史发展规律及当前历史条件下中国社会发展的现实问题的过程。因此，思想政治理论课的教育教学是具有时代感与现实性的教学过程。

第二节　思想政治理论课教学过程的要素

高校思想政治理论课教学是一个包含着多种要素、多种矛盾的复杂系统。其构成要素包括学生、教师、教学内容、社会环境和中介手段，这是构成教学过程的五种实体性基本要素。此外，教学过程还包括教学目的、教学活动和教学结果，这是构成教学过程的三种过程性基本要素。思想政治理论课教学是教师在一定的社会环境中运用一定的中介手段系统地向学生传授相关科学理论的活动。

教师是思想政治教育教学活动的发动者和组织者，学生是这一活动的响应者和接受者。教师运用一定的教学手段，使学生认识人类的经验成果，即系统的教学内容和书本知识；学生掌握了思想政治理论课的教学内容，实现了由不知到知的转化，并最终内化为自身的价值、信仰体系，即达到了思想政治理论课的教学目的；思想政治理论课的教学内容是发展着的科学理论体系，表现为一系列的基本概念、判断和原理；社会环境是思想政治理论课教学中不可忽视的重要因素之一，因为思想政治教育活动总是在特定的社会环境中进行和完成，并受到其影响和制约的；中介手段是教师把教学内容传导给学生的媒介，包括教材、文字材料、多媒体课件、微课程视频等教学资源和载体。

思想政治理论课教学是教师和学生为了实现自觉意识到的目的而共同从事的活动，它经历一定的环节和过程，最终表现为一定的思想政治理论课教学的结果。无论思想政治理论课教学成功与否，教学目的、教学活动和教学结果都是其客观存在的不可缺少的三个因素。因此，从实践—认识活动的过程来考察，教学目的、教学活动和教学结果，是构成思想政治教学的三个要素。

教学目的是思想政治理论课教学追求的目标，从根本上说就是培养大学生运用马克思主义的立场、观点、方法分析和解决实际问题的能力。具体看来，就是通过系统的课程教育，向大学生传授社会科学知识，进行政治信仰和思想品德教育，帮助他们树立科学的世界观、人生观和价值观。这一过程不是单纯地向大学生传授知识和灌输理论，而是在此基础上集中地对大学生进行知、情、信、意、行相统一的政治素质教育和思想品德培养的过程。思想政治理论课的教学目标根据教学对象和教学内容的不同，在教学过程中，具体表现为各种阶段性的特定的教学目标。

教学活动是把教学目的变成现实教学结果的中间环节，它具有多种实现形式，其中课堂教学、社会实践、理论研讨、社会宣传是最常见的基本形式，随着实践的发展，其实现形式也必然越来越丰富。思想政治理论课教学的结果集中体现在学生的政治、思想、理论素质的变化，同时也表现于对教育者和整个社会的影响。

五种实体性要素、三种过程性要素，各要素间相互影响、相互作用，构成了思想政治理论课教学中教与学、教师与学生、主体与客体、教学目的与教学结果、理论与实践等若干对矛盾。每一要素与其他各要素之间的关系及这些关系的关系，构成了思想政治理论课教学的矛盾体系。而其中每一对矛盾的同一性与斗争性及诸多矛盾的相互作用，构成了思想政治理论课教学错综复杂的矛盾运用，推动着思想政治理论课教学的不断发展。思想政治理论课教学的运行即是这些矛盾运动的展开。

第三节 思想政治理论课教学过程的运行

"作为大学生思想政治教育的主渠道，高校思想政治理论课，肩负着重要的历史责任，加强对思想政治理论课教学测评的研究，构建高校思想政治理论课教学测评指标体系，对于加强大学生思想政治教育，促进马克思主义理论与思想政治教育学科的发展，推进高校思想政治理论课教学改革，提高教学质量，进一步增强思想政治理论课教学的针对性、说服力具有重要的现实意义。"①

一、教师在思想政治理论课教学过程中的作用

在教学实践活动中，围绕教师实践活动的目标，各教学要素之间必然产生多种关系，在认识和处理这些关系的多种实践和认识活动中，教师发挥着主导作用。教师自身素质的高低直接影响着其教授活动质量的好坏。高校思想政治理论课教学过程的有效运行，必须充分发挥教师的主导作用。同时要正确处理和全面把握思想政治理论课教师与学生、教师与其他基本要素之间的内在联系。只有这样，才能协同推进思想政治理论课教学过程的有效运行，达成思想政治理论课教学的最终目标。

（一）教师与学生

教师与学生是思想政治理论课教学过程中人的要素，同属教学活动的主体。

---

① 任少伟. 高校思想政治理论课教学测评指标体系研究［D］. 马鞍山：安徽工业大学，2013：5.

教师是教学过程的主导因素。对学生而言，教师是教学过程的组织者和领导者，教师运用适当的教学方法和手段，激励、指导学生主动学习，体现教师与学生"教与学"的关系。在思想政治理论课教学过程中，教师的教授活动与学生的学习活动主要通过两条途径完成：①学生在课堂上直接接受思想政治理论课教师的知识传授和教导；②在思想政治理论课教师的适当引导下，学生在课下进行独立的自主学习和探究。

目前，在我国高校的思想政治理论课教学过程中，主要倡导建立一种混合式的教学模式，即通过创设一定的条件，在充分运用两条基本途径的同时，积极进行两条途径的有机结合，将课上与课下、主动学习与被动学习、知识传授、理论内化与课外实践结合起来。这一教学过程的推进、教学模式的运行，都有赖于思想政治理论课教师组织、领导作用的发挥。这就要求做到以下三方面：

第一，思想政治理论课教师要充分了解和认识作为教学对象的大学生。这是发挥主导作用的前提。思想政治理论课教师必须多方面研究自己的教学对象，全面把握当代大学生的思想状况和行为特点，根据他们的身心发展特征和成长规律，因材施教，充分调动他们的主观能动性，激发他们对于思想政治理论课的学习兴趣和学习热情。

第二，作为教学过程的组织者，思想政治理论课教师要积极采取行之有效的教学方法，根据教学对象的知识结构、学习状态，以及教学内容的不同要求，综合运用讲授式、案例式、研讨式等多种教学方法，提升思想政治理论课教学过程的吸引力与可接受度，激发学生对于教学过程的参与热情。

第三，思想政治理论课教师要热爱学生、贴近学生、尊重学生，所谓"亲其师而信其道"，只有真正做到了师生互亲、互信、互敬，创造一个良好的师生关系，才能营造一个轻松愉悦、良性互动的课堂氛围，才能不断增强思想政治理论课的亲和力、说服力和教学效果。

（二）教师与教学目标

教学目标是指教学活动实施的方向和预期达成的结果，是一切教学活动的出发点和归宿。它具体可分为三个层次：①课程目标；②课堂教学目标；③教育成才目标。用马克思列宁主义和中国特色社会主义理论体系武装当代大学生，引导和帮助他们树立正确的世界观、人生观、价值观，确立为中国特色社会主义事业而奋斗的政治方向，是高校思想政治理论课的根本目的和主要任务，也是高校立德树人、培养大学生成长成才的根本方向和最终目标。

思想政治理论课教师在思想政治理论课教学过程中开展的一切教学活动，都必须明确指向这一教学活动的总目标，为实现预期的教学目的和任务服务。同时，思想政治理论课教师还要注重教学目标的层次性和针对性，根据教育教学的总体要求和具体内容，逐步分解教学目标，遵循思想政治教育教学规律，由小到大逐层加以实施。只有确立明确的教学目标，树立正确的教育方向，才能制定科学合理的教学步骤和教学计划，才能达到思想政治理论课要求和预期的教学结果。

（三）教师与教学方法

高校思想政治理论课教学方法是思想政治理论课教学过程中师生互动的重要纽带。科学恰当的教学方法是思想政治理论课教学过程得以正常运行和有效展开的必然要求。思想政治理论课教学效果的提升，有赖于思想政治理论课教师探索运用正确的教学方法，如研讨式、案例式、启发式、研究式等多种鼓励学生积极参与、启发学生思考、激发学生学习兴趣的教学方法。这些启发式、参与式教学方法的运用，依赖于思想政治理论课教师主导作用的发挥。它对教师的教学能力与知识储备提出了更高的要求，教师必须具有足够的驾驭课堂的能力，才能对学生的学习及时加以正确引导，保证学生的学习沿着正确的方向进行。

此外，任何教学方法的运用，都必须以教学内容为中心，以教学目标为追求，坚决避免那种只图课堂一时热闹，教学方法游离于教学内容和教学目标之外的现象。只有立足于教学内容、着眼于教学目标的教学方法，才有可能真正成为促进师生良性互动、推动思想政治理论课教学过程有效运行的纽带和条件。

（四）教师与教学中介手段

思想政治理论课教学过程的中介手段，是思想政治理论课教师传导教学内容所依托或采用的各种必要的载体、平台、手段等，具体包括教材、文字材料、多媒体课件、微课程视频等多种教育教学资源。中介手段作为联结教师与学生的

"桥梁"或"纽带",在教学过程中发挥着重要作用。中介手段选择、运用得恰当与否,直接关系到思想政治理论课教学过程能否顺利展开,以及思想政治理论课最终教学效果的取得。

一方面,思想政治理论课教师要善于根据教学对象的特点和教学内容的要求,选取恰当有效的教学手段,或进行案例分析,或进行理论阐释,抑或观看微课程视频之后组织课堂讨论等。科学适当的教学手段是提升思想政治理论课教学效果的重要保证。

另一方面,思想政治理论课教师要善于挖掘、制作、利用各种教学资源,不断创建、丰富、完善各种教学平台与载体,这是新时代持续创新思想政治理论课教学媒介的基本前提和必然要求。不但要继续挖掘传统的思想政治理论课教学资源,如红色资源、校园文化等,还要充分认识到网络多媒体、大数据等新的技术手段对思想政治理论课教学的影响。思想政治理论课教师要善于学习并有效利用这些新的教育技术手段,全面发挥网络多媒体在传播思想政治理论方面的巨大影响力,不断推动思想政治理论课教学的与时俱进。

(五) 教师与教学环境

教学环境是指教学的社会环境、学校环境和课堂环境等,这是思想政治理论课教学过程得以顺利展开的物质前提。社会环境包括政治经济形势、科学技术水平、学生的家庭条件、社会关系及成长背景等;学校环境包括教学设施、学校各方面管理规章制度、校风和校园周围环境等;课堂环境包括班风、学风、师生关系等。思想政治理论课教学环境是制约思想政治理论课教师发挥主导作用的重要因素。在思想政治理论课教学活动中,教师要选择一定的事例、数据等材料资源来说明教学的内容、支持传播的理论观点,还要精心设计教学的时机和场景以营造良好的教学氛围。所有这些都只能在现实环境提供的可利用的资源范围内进行选择。

思想政治理论课教学过程中需要传播的思想观念及其材料资源都来源于客观环境,思想政治理论课教学的内容及资源,因环境中存在的矛盾和问题及其对思想政治理论课教学对象的影响不同而有所不同。因此,为提高思想政治理论课教学的实效性,思想政治理论课教师应有目的、有意识地选择一定的时间和空间,并通过一定的形式，创设特定的教学情境和氛围，来对教学对象施加教育影响。在思想政治理论课教学过程中，思想政治理论课教师必须注重教学环境的优化，充分利用环境中的积极因素，使外界环境成为思想政治理论课教学的自觉手段，并使各个要素及其相互关系保持最佳状态，把不利的环境变为有利的环境，把消极的环境变为积极的环境。

二、学生在思想政治理论课教学过程中的地位

教学过程既是教师"教"的过程，又是学生"学"的过程。在学生学习思想政治理论课的活动中，围绕实现学习目标，各教学要素之间产生多种关系。在正确认识和处理这些关系的各种实践和认识活动中，学生是主体。学生能否积极参与教学活动直接影响着教学活动的结果。思想政治理论课教学过程的有效运行，必须充分发挥学生的主体作用。

（一）学生与教学目标

就学生而言，思想政治理论课的教学目标与他们的学习目标具有一致性。学习目标是学生在学习中为自己确定的方向或希望达到的预期结果。正确的学习目标能够为学生的学习提供正确的前进方向和持久的学习动力，引导和激励学生自觉地发挥学习的主体性。学习目标有长期目标和短期目标之分。思想政治理论课学习的长期目标是树立科学的世界观、人生观和价值观。每一个学生根据自身实际状况所确立的诸如单元学习目标、学期学习目标甚至每日学习目标等，属于短期学习目标。长期学习目标的确立建立在短期学习目标实现的基础上，短期学习目标恰当与否直接决定着长期学习目标的实现。长期学习目标与短期学习目标都深刻影响着学生学习思想政治理论课的积极性，进而影响着思想政治理论课教学过程的有效运行。学生只有立足于时代要求，结合自身特点，科学恰当地制定每一阶段的学习目标，并使每一阶段的学习目标之间相互衔接，才能真正实现学习思想政治理论课的长期目标。

（二）学生与教学方法

要想使学生积极主动地学习思想政治理论课，促进思想政治理论课教学过程

的有效运行，思想政治理论课教师必须采取正确的教学方法。不同学生的实际情况不同，其学习的具体方法也会不同，但所有学生学习思想政治理论课都离不开理论联系实际的基本方法。只有坚持理论联系实际，才能把以抽象的概念和原理的形式表现出来的科学理论同它所反映的丰富的客观对象联系起来，从而深刻地理解思想政治理论课中的相关科学理论。

要坚持理论联系实际的基本方法，一方面，大学生要把握理论和了解实际。这是理论联系实际的前提条件。另一方面，还要注意培养敏锐的观察力和敏捷的思维能力。思想政治教育中的科学理论尤其是马克思主义理论博大精深，社会实际丰富多样，只有具有敏锐的观察力和敏捷的思维能力，才能做到二者的有机联系。同时，理论联系实际不仅要联系国内外各种社会实际，还要联系大学生自己生活、学习和思想的实际，这样才能在学习的过程中改造自己的主观世界，逐步树立科学的世界观、人生观和价值观。

（三）学生与教学中介手段

教学中介是传导教学内容的必要载体，再好的教学内容，也必须通过一定的中介手段才能让学生接受和掌握。对于成长于信息技术时代的当代大学生而言，相对于传统教育手段，现代教育技术显然更符合他们的认知方式与学习特点。在思想政治理论课教学过程中运用现代教育技术手段，能够使教学内容中涉及的事物、现象等声情并茂地再现于学生面前，这种直观丰富的呈现方式无疑能够激发学生的学习兴趣，也能让原本枯燥抽象的科学理论变得更加容易理解。同时，现代教育技术手段能够及时、真实、全面、集中地呈现大量丰富的学习信息，既节省了时间，提高了学生的学习效率，又能在一定程度上解决教学资源不均衡的问题，使学生公平地享受到全国乃至全世界最优秀教师的授课，增强他们学习思想政治理论课的效果。

在运用现代教育技术手段激发学生兴趣、提升思想政治理论课教学效率与效果的同时，也应该认识到，现代教育技术手段并不能完全取代传统教学手段的运用。思想政治理论课的课程性质决定了它并非单纯进行知识传递，更是肩负着对大学生开展信仰与价值观教育的重任。而信仰与价值观教育需要思想政治理论课教师的言传身教，需要教师与学生之间面对面的、情感上的交流与互动，更需要以教师的人格魅力去感染学生，这些不是单纯依靠教育技术手段能够实现的。因此，在思想政治理论课教学过程中，要充分考虑课程的特性与学生的学习特点，充分挖掘与发挥传统教学手段与现代教育技术的优势，努力探索二者之间的深度融合，不断优化思想政治理论课的教育教学，提升思想政治理论课教育教学的针对性与实效性。

（四）学生与教学环境

学生对于思想政治理论课的学习必然是在一定的教学环境中实现的。教学环境是影响学生学习效果的重要因素。思想政治理论课的教学内容来源于教学环境，换言之，教学环境为学生的学习提供了丰富的资源与内容。思想政治理论课具有很强的现实性与时代性，社会的飞速发展与国际国内政治经济形势的新变化等，都会成为思想政治理论课教学的重要内容。学生通过思想政治理论课的学习，不断了解我国社会发展的最新动态，认识社会生活的各种实际，这种大的社会环境教育，能够让学生及时把握时代脉搏，培养他们的社会责任感。教学环境会直接影响学生对思想政治理论课的学习态度与效果。良好的社会风尚、校园文化、班风学风、师生关系等，能够发挥巨大的感染与熏陶作用，促进和引导学生不断提升思想政治素质和道德水平，不断完善自我。

第六章　新时代思想政治理论课的实践教学

第一节　思想政治理论课实践教学的理论基础

早在中华人民共和国成立之初，实践教学即与高校思想政治理论课的设置相伴而生，成为和课堂理论教学密切结合的重要教学环节。人们对于思想政治理论课实践教学的理性认识，随着教学改革的不断深入和人们对实践教学的探索与创新而不断深化和发展。因此，考察思想政治理论课实践教学，不仅是一个实践领域，也是一个理论范畴。

一、思想政治理论课实践教学的内涵

（一）思想政治理论课实践教学的观点

"高校思想政治教育是一项系统性工程，为了更好地完成高校立德树人的根本任务，实践教学是不可或缺的重要环节。"① 对于思想政治理论课实践教学的地位及意义，人们已基本达成共识，但对于思想政治理论课实践教学内涵的理解和把握，学术界有多种不同观点，主要包括以下四点：

第一，思想政治理论课实践教学，是在教师指导下，依据课程教学内容和要求，以组织和引导大学生主动参与实际生活和社会实践、获得思想道德方面的直接体验为主要内容，以提高大学生思想道德素质为目标的教学方式或教学环节。

第二，思想政治理论课实践教学是寓教于"行"的教学过程和教学方法，以理论知识为依据，以强调创造性和实践性的主体活动为形式，以激励学生主动参

---

① 蒲海燕. 高校思想政治理论课实践教学路径研究 ［J］. 时代报告，2023（10）：137.

与和主动思考为特征，通过引导学生有目的地参加课内与课外、校内与校外的各种实践活动，对社会现实生活广泛参与和体验，使主观世界得到感性的再教育和主体能力得到优化的过程和方法。

第三，思想政治理论课实践教学不应该停留在走出去的社会实践方面，应当把课堂理论教学以外，借助其他教学手段、方法或由学生自主参与的教学方式都纳入进来。

第四，思想政治理论课实践教学模式是指学生在教师的指导下，以实践操作为主，采取原著阅读、研究讨论、社会调查、志愿服务、公益活动、专业课实习等方式，有组织、有计划地获得知识、增强能力和素质的一系列教学活动。

（二）思想政治理论课实践教学的含义

综合诸多学者对思想政治理论课实践教学含义的界定，结合思想政治理论课教学的实际情况，对思想政治理论课实践教学的含义做如下理解：

第一，思想政治理论课实践教学是与课堂理论教学既相互呼应又相互区别的重要教学环节，二者统一于思想政治理论课教学过程之中，服务于思想政治理论课的教学目的。课堂理论教学主要通过专题讲授、案例分析、互动讨论等多种方式方法，帮助学生理解和掌握思想政治理论课的知识、理论，重在传导思想、政治、道德观念；实践教学则是在一定理论认知的基础上，引导学生参与课内外实践活动或接触社会生活实际，将这些理性的东西在实践中加以验证、辨别和运用，并通过亲身体验和身体力行加深对课堂知识、理论的理解和认同，促进学生从知识体系向信仰体系的内化和向行为、品格的转化。

第二，思想政治理论课实践教学要打破传统的、狭隘的思维定式，应根据教学实际适当拓展其内涵和外延。长期以来，高校思想政治理论课实践教学习惯于定位在社会实践活动的层面，通常的做法是组织学生"走出去"，通过参观、考察、调研等方式来完成理论与实践的结合，达到教学目的。这种认识和做法有其科学性，它对于大学生了解社会、了解国情，增长才干、奉献社会，锻炼毅力、培养品格，增强社会责任感具有十分重要的积极作用。但是，也应当看到它的认识偏狭和操作困难。一方面，局限了思想政治理论课实践教学的内涵和外延，极大地限制了学生主体的全员参与和实践教学的内容、途径；另一方面，由于受师资、课时、经费、组织、安全及实践场地等主客观因素的制约，不仅操作有一定困难，而且实践教学的效果往往不能尽如人意，其规范性和可持续性亦难以维持。因此，思想政治理论课实践教学是一种课程意义上的实践教学活动，具有一定的课程结构，并应纳入教学计划；作为一种教学形态，它不是以点代面只有少数学生参加的活动，而应是相应课程的学生全员参与、任课教师全程指导的正常教学环节；思想政治理论课实践教学既可以体现在校园之内，也可以体现在校园之外。

第三，思想政治理论课实践教学必须有明确的教学内容和形式、相应的实施规范和考核办法。思想政治理论课实践教学应紧紧围绕思想政治理论课的教学目的，在内容上必须与思想政治理论课教学的知识、理论具有内在联系，是对课堂理论教学的深化和内化；在形式上是寓教于"行"的教学过程和教学方法，是教师指导下的以学生为主体的参与、体验和思考、探究，是通过提供教学实践项目而提高学生分析问题、解决问题能力的有效途径。内容和形式的统一，要求必须有相应的教学规范、组织管理、考核评价、保障机制等，并最终落实到思想政治理论课的实践教学方案中，体现在课程教学大纲和教师的岗位职责中。

总之，思想政治理论课实践教学是相对于课堂理论教学而言的一种教学环节和教学方式，它以进一步增强思想政治理论课教学效果为目标，以任课教师为主导、以全体学生为主体，以具有思想性、教育性、创造性的实践活动项目为载体，以激发学生主动参与、积极思考、深入探究为特征，紧密结合思想政治理论课教学内容，有目的、有计划、有组织地引导学生参加课内与课外、校内与校外的各种实践活动，使学生通过广泛参与和亲身体验，深化对思想政治理论课相关知识、理论的理解和认同，提高思想认识水平和分析、解决实际问题的能力，并将思想政治理论课的知识、理论内化为信仰、外化为行为。

二、思想政治理论课实践教学的意义

对于坚定学生在中国共产党领导下，走中国特色社会主义道路，为实现中华民族伟大复兴而奋斗，自觉成为中国特色社会主义合格建设者和可靠接班人，具有极其重要的意义；对于深化教育教学改革、提高人才培养质量，服务于加快转变经济发展方式、建设创新型国家和人力资源强国，具有重要而深远的意义。思想政治理论课实践教学作为高校实践育人的重要形式，体现了党的教育方针和我国高等教育培养目标的根本要求，反映了教学规律的客观需要。其重要意义具体体现在以下三方面：

第一，思想政治理论课实践教学是引导大学生践行社会主义核心价值观的必然要求。社会主义核心价值观是社会主义核心价值体系的内核，体现社会主义核心价值体系的根本性质和基本特征，反映社会主义核心价值体系的丰富内涵和实践要求，是社会主义核心价值体系的高度凝练和集中表达。大学生作为中国特色社会主义事业的建设者和接班人，是社会文明的重要体现者和传承者。对大学生进行社会主义核心价值观教育，是高校思想政治教育的重要内容，是提高大学生思想道德素质的中心环节和根本要求，也是贯穿思想政治理论课教学的一条主线。以课堂理论教学为平台，深刻领会社会主义核心价值观的基本内容和重大意义，是大学生践行社会主义核心价值观的前提和基础。而真正完成从认知到践行的转化，必须经由实践教学这一根本环节。大学生自觉践行社会主义核心价值观不仅是在学习中思考、升华的结果，更是在实践中体验、内化的结果。

第二，思想政治理论课实践教学是贯彻理论联系实际原则的具体体现。理论联系实际，在实践中检验真理和发展真理，是马克思主义最重要的品质特征，也是马克思主义的基本原则。高校思想政治理论课教学必须贯彻理论与实践相结合的原则。这里的"结合"，既包括教师在理论讲授时运用马克思主义的立场、观点、方法有针对性地对社会现实问题和学生思想问题的分析与联系，也包括学生在教师指导下通过亲身参加校内外实践活动深刻领会和准确把握马克思主义的基本原理。

在新的历史条件下，世界多极化和经济全球化的趋势在曲折中发展，科技革命日新月异，综合国力竞争日趋激烈，各种思想文化相互激荡；我国改革开放进一步深入，社会经济成分、组织形式、就业方式、利益关系和分配方式日益多样化。面对新形势对高校思想政治理论课教学提出的新问题、新挑战和新任务、新要求，高校思想政治理论课不能仅仅局限于课堂教学对马克思主义及其中国化理论创新成果的宣讲层面，还要注重通过形式多样的实践教学活动，引导学生深入社会实际，了解国情、民情，进一步增强理论的穿透力、感染力和说服力，从而使学生坚定对马克思主义的信仰、对社会主义的信念，以及对改革开放和现代化建设的信心。

第三，思想政治理论课实践教学是深化思想政治理论课教学改革的重要举措。思想政治理论课作为对大学生进行思想政治教育的主渠道，不仅注重以丰富的知识性、理论性和深刻的思想性、政治性武装学生的头脑和认知，而且强调以较强的现实性和鲜明的实践性引导学生的体验和行为，提高学生观察、分析社会现象的能力，深化教育教学的实际效果。实践教学作为思想政治理论课教学不可或缺的有机组成部分，强化实践育人意识，优化实践教学，是进一步增强教学时代感、吸引力和感染力的需要，也是推进和深化思想政治理论课教学改革、增强教学针对性和实效性的重要举措。

三、思想政治理论课实践教学的依据

（一）马克思主义哲学依据

马克思主义哲学的创立，是人类发展史上的伟大变革，和以往一切旧唯物主义有着根本区别。社会生活本质上是实践的，而人的思维是否具有客观的真理性，这不是一个理论的问题，而是一个实践的问题。实践观是马克思主义最基本的观点之一，是马克思主义认识论的基础。

第一，实践是人的正确认识形成发展的源泉。思想、观念、意识的生产最初是直接与人们的物质活动，与人们的物质交往，与现实生活的语言交织在一起的。只有通过实践，人们才能对事物的认识从现象深入本质，从片面到比较全面。

第二，实践是认识发展的动力。变化发展着的实践不断给人们提出新的认识课题，推动人们去进行新的探索和研究；实践的发展拓宽和深化了人们认识客观对象的深度和广度，同时也不断提高人们的认识能力和水平。

第三，实践是检验认识的标准。人们头脑中的各种思想观念是否正确不是依人们的主观感觉而定，检验认识的唯一标准只能是社会实践。因为，社会实践是联系主客观的桥梁和纽带，实践可以把人的认识显现出来呈现在人们面前，与客观事物加以对照以检验认识是否与客观实际相符合及符合的程度，以此判断出思想或认识的正确程度。

总之，人们思想观念的形成、发展及判断思想的正误都离不开实践，实践是人的思想认识的出发点和归宿。高校思想政治理论课要引导大学生形成正确的思想认识和价值观念，必须坚持把实践作为教学的基本环节和重要途径。同时，要把大学生作为实践教学活动的主体，引导他们通过实践教学活动，把学习与践履结合起来。

（二）知行统一的教育思想

知行统一既是教育教学的重要原则，也是青年学生成长成才的正确道路。"知"与"行"有着辩证的关系。"知"是"行"的前提和基础，而"行"则是"知"的目的和归宿。从大学生思想道德教育的角度来看，知行统一体现了求知与做人的关系，反映了思想品德心理结构的要求，道德认识和道德行为都是构成思想品德心理结构不可缺少的组成部分。因此，高校思想政治理论课不仅要重视系统的知识、理论教育，更要重视引导学生的道德践履，培养学生言行一致的优良品质。知行统一的教学思想反映了社会主义教育目的和要求，揭示了思想政治理论课教学的规律和大学生健康成长的途径，为思想政治理论课实践教学提供了重要的理论依据。

（三）人的思想政治品德形成与发展的心理机制

人的思想政治品德的形成是主体内在因素和客观外部因素交互作用的结果，是主体内在矛盾运动转化过程和客观外部环境制约过程的辩证统一，既依赖于社会机制，也依赖于个体的内在心理机制。

人的思想政治品德形成发展过程的基本问题是如何由知转化为行的问题。人的思想政治品德认识是不能直接转化为思想政治品德行为的，必须经过人的需要、动机、情感、信念和意志等心理因素的催化、媒介作用才能实现。实际上，思想政治品德的形成过程，就是在一定外界环境条件的影响下人们内在的知、情、信、意、行诸心理要素辩证运动、均衡发展的过程。离开了这些心理因素的调节、控制和促进作用，便不可能形成具有稳定倾向性的思想政治品德，更谈不上思想政治品德的发展和完善。

人的思想政治品德形成与发展的心理机制要受到一定外界环境因素的影响，

这种影响是以人们的社会实践为中介而实现的。外界环境因素的影响只有通过社会实践与作为主体的人相联系，才有可能达到主体内在因素和客观外部环境的相互作用与协调、平衡，使主体产生一定的思想政治品德认识；思想政治品德认识经过品德情感、信念、意志的催化，再回到社会实践中去，变为思想政治品德行为，从而完成由知到行的转化过程。在社会实践中通过社会评价和自我评价的反馈，又开始新一轮的主客体因素平衡协调运动，获得更高水平的思想政治品德认识，转化为更高水平的思想政治品德行为，如此循环往复，螺旋式上升。

无论是人的知行转化过程，还是外界环境影响过程，都离不开一定的社会实践。人的思想政治品德的形成与发展就是在社会实践基础上主客体因素相互作用、相互协调的过程。这是人的思想政治品德形成发展的规律，也是高校思想政治理论课实践教学的心理学依据。

第二节　思想政治理论课实践教学的基本类型

高校思想政治理论课实践教学是以特定类型的实践活动展开的。不同类型的实践教学具有不同的特点和功能。搞好实践教学，需要从具体的教学内容和教学要求出发，采取与之相适应的实践教学类型及形式，从而取得良好的实践教学效果。目前，由于人们对思想政治理论课实践教学的认识不尽一致，对其类型的划分也多种多样。根据高校思想政治理论课实践教学的内涵界定，结合高校思想政治理论课教学的实际情况，可以从实践教学的空间领域出发，按照实践教学场所的不同，将思想政治理论课实践教学分为以下内容：

一、课堂实践教学

思想政治理论课课堂实践教学是指以固定课堂为平台、以课程资源为依托，紧紧围绕教学内容，在任课教师的主导下，利用课堂空间创设以学生为主体的、具有"实践性"的情境和活动，引导学生积极参与，在活动中主动地思考和解决问题。根据思想政治理论课教学的目的及特点，课堂实践教学的基本形式如下：

（一）主题演讲

课堂主题演讲，即教师根据章节教学目标及教学重点，并针对学生的思想实际，设计若干选题或由学生围绕教学内容自主选题，然后由学生以小组为单位进行充分讨论、酝酿，在此基础上选派代表进行课堂演讲。这种实践教学形式适应学生的年龄特征和心理特点，能够发挥学生的主观能动性和想象力，容易使学生接受和参与，并且可以活跃课堂气氛，具有可持续发展的条件。演讲主题的选择要与学生的成长诉求和思想特点相贴近。同时，教师要针对学生的演讲及时予以提炼和引导。

（二）专题辩论

课堂专题辩论是指教师根据教学难点、疑点，并结合学生的思想困惑及所关注的社会热点、焦点，设计若干组具有对抗性的辩论题目，由学生分班级或小组进行思考讨论、查找资料、组织论据，然后派选手参加辩论、教师做总结点评的实践教学形式。专题辩论既是思想政治理论课课堂理论教学的深化和拓展，也是深受学生喜爱的课堂实践教学形式。不仅有利于调动学生的学习兴趣和主动性，启发学生积极思考，锻炼学生的言语表达、逻辑思维及团队合作精神和组织协调能力，而且通过辩论和教师有针对性的总结、点评，有利于加深学生对课程相关知识、理论的理解。

（三）制作演示

制作演示是指教师将课程教学中的某一章节或某一个问题归纳出一个鲜明的主题，要求学生组成学习小组，在小组自学、研讨的基础上，围绕该主题将学习、研讨的成果设计、制作成课件或视频等，并在课堂进行演示和交流，教师或其他小组同学可针对该制作演示所涉及的理论或现实问题进行提问与互动。这种形式的课堂实践教学有助于培养学生的自主学习意识和独立思考、探究能力，使学生不仅要理解和掌握相关知识、理论，而且要做到理论联系实际，能够以所学理论去说明和分析现实问题，能够通过自己的学习和思考来提高思想认识，寻求解决问题的答案。与此同时，这种形式对于提高学生的协作意识、创新意识及收集和处理信息的能力、动手能力、应变能力等，也具有积极的促进作用。

（四）角色模拟

课堂角色模拟是指教师根据教学目的，将一定的教学内容情境化，让学生通过模仿或扮演相关角色，在亲身体验和感悟中理解有关知识、理论或受到教育、启发，如模拟法庭、道德小品等；或者在教师指导下，让学生就课程教学中的某一个或几个问题，独立地或以小组合作的形式进行相关文献和资料的阅读、学习、研究，自主撰写教案和制作教学课件，然后面向全班学生进行公开授课。角色模拟不仅可以给学生展示自我和锻炼的机会，更重要的是学生通过角色的扮演或互换，能够激发主体意识和主观能动性，并以自身的参与及视角，主动搜集学习资料、积极开展思考探究，从而加深他们对相关知识和理论的理解，提高分析问题和解决问题的能力。

从课堂实践教学形式可以看出，课堂教学作为整个教学活动的首要环节和主体部分，不仅是进行理论教学的主要渠道，也是开展实践教学的重要场所。课堂实践教学突出了学生的主体地位，强调对课堂资源的开发和利用，其显著优势主要表现在三方面：①实践活动与理论知识的衔接、联系最为紧密、直接，可以较好地实现知行同步训练和促进教学相长；②实践教学的时空选择比较灵活，教学效果反馈比较迅速、直观，教师可及时了解、掌握学生的思想状况和学习情况，便于跟踪指导；③实践教学成本较低，利用课堂教学这一平台可最大限度地减少人力、物力和财力支出，而且便于组织、操作和学生全员参与。

二、校园实践教学

思想政治理论课校园实践教学，其时空选择为学生的课余时间及其生活的校园环境。具体来说，它是在思想政治理论课教学目标的指导和任课教师的主导下，由学生结合课程教学内容，利用课外时间在校园内部开展的一系列具有实践性、思想性的教学活动，使学生在这些活动中深化和拓展课堂理论学习，思考做人、做事的道理。校园实践教学还有以下三种形式：

（一）知识竞赛

知识竞赛就是教师依据思想政治理论课教学目的，选取课程教学中的某一内容为主题，或者以重大历史纪念日为契机，引导学生以班级或小组为单位课外阅读有关文献，并开展相应的主题知识竞赛。比如，"公民道德建设知识竞赛""国家安全法律知识竞赛""改革开放伟大成就知识竞赛""党的光辉历程知识竞赛"等。知识竞赛活动不仅有助于扩展课堂教学内容，也有助于激发学生的学习兴趣和积极性。

（二）校园调研

校园调研即教师结合课程教学内容和学生思想实际，拟定若干主题，指导学生在校园内进行调查研究和分析、研讨的实践教学形式。以"思想道德修养与法律基础"课程为例，教师依据相关章节的教学目的及内容，可引导学生开展"大学生学风状况调查""大学生信仰状况调查""大学生公德意识调查""大学生就业观念调查"和"大学生诚信状况调查"等。通过主题调研活动，一方面可以使学生关注和思考自身存在的问题，提高运用理论分析实际问题的能力；另一方面也为教师了解学生实际以开展针对性的教学，提供了很好的素材。

（三）课外阅读

课外阅读是指结合思想政治理论课教学内容，采取读书自学与小组研讨相结合的方式，帮助和促进学生理解和深化课堂知识、理论，并指导学生深入思考和分析理论与现实问题的一种课外实践教学形式。课外阅读的文献为教师指定的马克思主义经典作家的原著篇目和与思想政治理论课教学内容密切相关的理论名篇；课外阅读的成果形式为读书报告或小论文。这种课外实践方式实现了教师课堂讲授与学生课外自学相结合，"学"与"思"、"学"与"研"、"学"与"习"相结合，既可以开阔学生的理论视野，又可以培养学生的自学能力、理解能力、独立思考能力，以及认识问题和分析问题的能力。

此外，思想政治理论课校园实践教学还有生涯规划设计、校园公益劳动、"感动校园人物"评选，以及借助互联网络技术支持的课外虚拟实践教学活动。为保证思想政治理论课校园实践教学的顺利开展和实际效果，思想政治理论课校园实践教学要力求学生工作部门的支持与配合，也可与学生工作部门组织开展的校园文化活动相结合，但又不能与之混为一谈。

三、社会实践教学

思想政治理论课社会实践教学就是教师围绕思想政治理论课教学内容和培养目标要求，以社会为课堂，以假期和课余为主要活动时间，以学生体验和感悟为活动形式，设计与课程教学和学生实际密切相关的选题，组织学生走出校门，到基层去、到工农群众中去，使他们通过接触社会现实生活，增强社会责任感，提高思想政治素质和观察、分析社会现象的能力，从而达到深化教学效果的目的。社会实践教学应遵循就近就便、面向基层、深入实际、讲求实效的基本原则，其基本要求是：坚持社会实践教学与思想政治理论课教学内容及目标任务相结合、与学生的思想实际及其关注的社会热点难点问题相结合、与学生的专业特点和服务社会相结合等。

思想政治理论课社会实践教学的类型是丰富多样的，可归纳概括为以下三种具体形式：

（一）参观考察

参观考察是指结合思想政治理论课教学内容，组织和指导学生到厂矿企业、农村、改革开放前沿地区、革命老区、历史博物馆、爱国主义教育基地和风景名胜区等进行实地观看、探究和学习，使学生获得直观的体验和感染，从而达到启发思考、强化教育的目的。参观考察是思想政治理论课较易实施和最为常见的一种社会实践教学形式，其特点是把课堂理论教学同亲身感受中国革命的历史发展、改革开放的伟大成就，以及各行各业的先进人物事迹和火热现实生活实际结合起来，以激发学生的学习兴趣，帮助学生加深对思想政治理论课相关知识、理论的领会，并从中受到生动、具体的思想教育。

1. 参观考察的形式

参观考察的形式可以分为以下类型：

（1）准备性参观考察，即教师在进行某一专题讲授之前，先组织参观有关项目，以形成感性认识，引起学习兴趣，为课堂理论教学打下基础。

（2）并行性参观考察，即在讲授某一专题的过程中，为了加深对问题的理解，学生把所学知识、理论与实际紧密结合而进行的参观考察。

（3）总结性参观考察，即在完成某一专题或课程讲授之后，为帮助学生用感性材料来验证或巩固课堂上所学知识、理论和使学生综合运用所学理论分析、理解历史与现实问题而组织的参观考察。

2. 参观考察的步骤

（1）参观考察的准备，如确定参观场所、了解参观对象有关情况，制订参观考察计划等。

（2）参观考察的过程，即在熟悉参观对象的基础上，有组织、有步骤地参观学习，必要时可请有关人员进行讲解，教师亦可提出问题引导学生仔细观察和思考，同时指导学生围绕参观考察的内容收集有关资料，做好参观考察笔记。

（3）参观考察的总结，即参观考察结束后，教师要及时检查计划执行完成情况，指导学生做好参观材料的整理、研究，撰写参观考察总结体会。

（二）志愿服务

志愿服务一般是指志愿者组织、志愿者服务社会公众生产生活和促进社会发展进步的行为。志愿服务泛指任何人基于良知、信念和责任，自愿贡献个人的时间及精力，在不为任何物质报酬的情况下，为社会和他人提供服务和帮助的活动。公益性、无偿性和自愿性是志愿服务的三个基本特性；奉献、友爱、互助、进步，则是对志愿服务精神的概括。

志愿服务的内容多种多样。对于高校思想政治理论课实践教学来说，其主要形式包括：①暑期文化、科技、卫生"三下乡"活动；②形势政策宣讲活动；③社区服务活动；④大型赛会志愿活动；⑤贫困地区支教活动；⑥法律援助活动；⑦环保志愿服务活动等。大学生志愿服务活动得到了党和国家及社会各界的充分肯定，受到了人民群众的普遍欢迎，产生了良好的社会影响。这一实践教学形式符合时代发展的潮流和当代大学生自主意识、参与意识日益增强的特点，对大学生在实践中增强社会责任感，发扬奉献精神，培养良好的道德情操，具有十分重要的促进作用，已成为新时期大学生思想政治教育的重要载体。

（三）社会调查

社会调查就是针对社会生活中的某一问题开展调查研究，然后把调查研究得来的情况真实地表述出来，以反映问题，揭露矛盾，揭示事物发展的规律，向人们提供经验教训和改进办法，为有关部门提供决策依据，为科学研究和教学部门提供研究资料和社会信息。社会调查也是思想政治理论课较为常见的一种社会实践教学形式。它拉近了校园与社会、理论与现实之间的距离，使大学生能够有机会接触社会、深入群众，这不仅有利于学生在社会实践中检验课堂所学的基本原理，以及运用所学的基本原理观察、分析社会现象，也有利于学生在与工农群众接触、交流中受到真切的感染与体验，从活生生的数据资料或典型案例中受到深刻的启发和教育。

搞好思想政治理论课社会调查实践教学，要求教师在指导过程中把握好以下环节：

第一，明确调查选题及目的。调查选题的确定既要紧密联系教学内容，又要切实针对学生思想实际，体现思想政治理论课教学目的。

第二，选择调查方式和方法。常用的社会调查方式有普遍调查、典型调查、个案调查等。对于大学生来说，比较可取的方式为典型调查和个案调查，其具体方法有个别访谈、问卷调查、实地考察等。

第三，制订调查计划与方案。调查计划方案一般包括调查的目的和任务、调查的时间和地点、调查的对象或项目、调查的方法与步骤、调查的提纲与指标，以及调查的组织领导、经费预算、纪律与安全注意事项等。

第四，做好调查培训与准备。在社会调查实践实施之前，教师要对学生进行必要的培训，使学生充分了解调查的意图和要求，辅导学生拟定调查提纲，设计调查的项目、指标、问卷、表格和准备必要的资料等，并对学生进行调查方法的指导；调查活动一般应分组进行，每组人数不宜过多，学生之间既有分工又有合作。同时，筹备必要的资金和物质条件，做好与调查对象的联系、接洽工作，争取有关单位的支持与配合，保证调查工作的顺利开展。

第五，注重调查报告与总结。社会调查实践完毕，教师要指导学生整理、分析调查的情况、资料、数据和结论等，撰写调查报告，并对学生的社会调查实践进行总结和成绩评定。

第三节　思想政治理论课实践教学的保障机制

自高校思想政治理论课设置以来，在国家对实践教学的高度重视和大力倡导下，各高校对思想政治理论课的实践教学进行了大量的尝试与探索，取得了可喜的成果和一定的经验。但是，面对新形势、新任务、新情况、新变化，思想政治理论课实践教学仍然是教学中的薄弱环节，还存在着诸多亟待解决的问题。为此，要保证思想政治理论课实践教学科学、持续和有效地开展，必须建立和完善实践教学的保障机制，探索实践育人的长效机制。

一、组织保障

实践教学是思想政治理论课教学的重要环节，也是大学生思想政治教育的有效途径。在充分认识思想政治理论课实践教学重要意义的前提下，建立健全思想政治理论课实践教学的领导体制、加强思想政治理论课实践教学的师资队伍建设，乃是思想政治理论课实践教学重要的组织保证。

第一，党委统一领导、党政齐抓共管、有关部门紧密配合的领导体制和工作机制。高等学校要切实加强对思想政治理论课的领导，学校要有一名副书记和一名副校长主管思想政治理论课教学；学校宣传、教务、思想政治理论课教学单位等部门要各负其责、相互配合，共同做好思想政治理论课教育教学工作。实践教学作为思想政治理论课教学的重要组成部分，毫无疑问地应纳入这一组织保障之中。学校党委和行政部门要站在"培养什么人""如何培养人"的战略高度，把思想政治理论课教学作为一项重要工作摆上议事日程，高度重视实践教学，制订实践教学总体规划与相关政策，定期了解、分析大学生思想政治状况及思想政治理论课教学情况，并对理论教学和实践教学给予指导；教务、科研、人事、财务等有关部门要从坚持以人为本，保证思想政治理论课实践教学在大学生培养计划中的合理设置和必要的经费投入，在思想政治理论课师资队伍编制、培训及思想政治理论课实践教学研究等方面给予支持和扶助。这样，才能使思想政治理论课实践教学形成由思想政治理论课教学单位具体组织实施、学校及各部门共同关心和支持的合力机制与联动效应。

第二，独立设置的直属学校领导的思想政治理论课教学科研组织机构。该机构是思想政治理论课教学部门和马克思主义理论研究机构，又是马克思主义理论学科点的依托单位。因此，它不仅负有统一管理思想政治理论课教师、负责马克思主义理论学科建设和人才培养等职责，还负有组织思想政治理论课教学、科研等任务。其中，包括思想政治理论课实践教学与研究。具体来说，思想政治理论课教学科研组织机构要制订实践教学计划及实施方案，发掘和整合实践教学资源，检查和考核实践教学的组织和运行，组织开展实践教学改革与研究，加强思想政治理论课教师队伍建设及组织开展社会实践和学习考察活动等。思想政治理论课教学科研组织机构的建立，是思想政治理论课实践教学有效开展不可或缺的组织依托和机构保障。

第三，专兼结合、优势互补的思想政治理论课实践教学的教师队伍。思想政治理论课教师是马克思主义理论和党的路线、方针、政策的课堂讲授人，也是思想政治理论课实践教学的具体承担者。提高思想政治理论课教师的实践教学能力和水平，是思想政治理论课实践教学有效开展的关键环节和人员保障。为此，高校要把思想政治理论课教师队伍建设纳入学校事业发展和人才队伍建设的总体规划，加强领导、统筹安排。

以教学科研组织建设为平台，以选聘配备为基础，以培养培训为抓手，以学科建设为支撑，以制度建设为保障，以实践教学实效为目标，合理核定教师编制，配备足够数量和较高质量的思想政治理论课专任教师，并积极创造条件和采取多种措施，努力提高教师的理论素养、教学水平和科研能力。

拓宽实践教学的师资来源渠道，吸引和鼓励学生思想政治工作干部和辅导员承担一定的思想政治理论课实践教学任务，充分发挥他们在组织学生活动方面的特长，使思想政治理论课实践教学与学生日常思想政治教育互相配合、互相促进，从而建立专兼结合、优势互补的实践教学协作机制。

二、制度保障

思想政治理论课实践教学的良性运行不仅有赖于有效的组织管理系统和素质水平较高的师资队伍，还要依靠完善的制度作为保障。这些制度主要包括以下三方面：

（一）学时学分制度化

完善实践教学制度要从本科思想政治理论课现有学分中划出 2 个学分、从专科思想政治理论课现有学分中划出 1 个学分开展本专科思想政治理论课实践教学。实践教学绝非思想政治理论课教学改革的某种点缀，而是整个教学过程的一个重要环节。因此，要使思想政治理论课实践教学能够持续、有效地开展，就必须将思想政治理论课实践教学课程化，同学生的专业课程实习一样来对待，将其列入培养计划并明确学时学分。这样，才能从根本上保证思想政治理论课实践教学环节的真正落实。

（二）组织运行规范化

在保障思想政治理论课实践教学学时学分的基础上，注重其组织、运行的制度化、规范化管理，则是思想政治理论课实践教学持续、有效开展的关键所在。高等学校思想政治理论课所有课程都要加强实践环节，围绕教学目标，制定大纲，规定学时，提供必要经费。这就要求思想政治理论课教研部门和任课教师准确理解和把握实践教学的内涵与外延，根据思想政治理论课的教学要求及课程内容，坚持理论联系实际，贴近现实、贴近生活、贴近学生，精心设计实践教学的内容和形式，周密安排实践教学活动的组织与实施，以规范性教学文件的形式体现思想政治理论课实践教学的计划性和严肃性，避免活动的盲目性和随意性。

（三）监管考评科学化

为使思想政治理论课实践教学落到实处，必须对实践教学过程进行严格的监管、对实践教学结果进行全面的考评。

一方面，建立和完善相应制度，力求所有学生参加培养计划和实践大纲所规定的实践教学活动，如教师在实践教学活动前向学生下达实践教学任务书，明确实践教学活动主题、内容及相关考核、纪律要求；任课教师要参与学生实践教学活动过程的指导；学生参加社会实践要如实填写实践日志和思想政治理论课社会实践活动登记表，并经实践接受单位签署意见和盖章；实践教学活动结束时独立完成一份有质量的实践报告等。

另一方面，结合学生在实践教学中的表现、实践报告或总结完成质量，通过学生自我评价、实践小组评价、实践接收单位评价和教师评价等，对学生参加实践教学进行综合评定，努力做到定性与定量相结合、过程评价与结果评价相统一，使之成为规范实践教学、调动学生学习积极性的有效手段，从而保证实践教学朝着良性方向持续地开展下去，真正达到提升思想政治理论课教学实效的目的。

三、物质保障

思想政治理论课实践教学是一个系统和复杂的过程。与课堂教学相比，它在教学的时间和空间上均发生了较大变化，需要具备一定的软硬件环境才能持续和有效开展。必要的经费投入、稳定的实践基地和充分的教学资源是实施思想政治理论课实践教学的硬件基础和物质保障。

（一）经费投入

长期以来，经费短缺成为制约高校思想政治理论课实践教学正常开展的重要因素。

一方面，由于经费限制，许多高校的思想政治理论课教师多年没有走出校门参加社会实践、参观考察、学术交流、业务培训等活动，教师的理论修养及教学水平得不到及时提高，对实践教学的思考与设计视野不够开阔，对实践教学资源和素材的挖掘不够深入；另一方面，专项经费投入的不足使得学生的实践教学大多局限于课堂和校园文化活动，即使校外社会实践也往往是以部分学生参加的小分队形式来组织，这不仅降低了实践教学活动参与主体的人数和比例，而且最终导致思想政治理论课实践教学整体效果的降低。

必要的经费投入是开展思想政治理论课实践教学的必要条件。高等学校要每年拨出一定数量的专项经费并列入预算，使思想政治理论课实践教学得到最基础的物质保障。与此同时，思想政治理论课教学单位要采取积极措施，探索和建立社会实践与专业学习相结合、与服务社会相结合，以及通过校地、校企"共建"的模式，吸引和鼓励社会参与，充分利用社会各界的力量，多渠道筹措资金，以有效保障思想政治理论课实践教学的深入发展。

（二）稳定的基地建设

实践基地是高校思想政治理论课实践教学的重要场所和物质依托，是理论结合实际进行思想政治教育的有效途径。高校应根据思想政治理论课教学内容和人才培养目标的要求，结合学生的思想实际、专业特点，以及学校当地的现实条件，遵循教育性、典型性和就近、就便等原则，有针对性地在校内外建立起形式多样、设施健全、规范稳定的实践教学基地。校内实践教学基地的建设，主要着眼于学校党政齐抓共管、各部门紧密配合，以形成实践教学的合力和提高师生的参与度，体现师生双向互动；校外实践教学基地的建设，主要着眼于充分利用社会实践资源，通过书本理论知识学习与社会实践活动相结合，培养学生观察、思考、分析、解决理论问题和现实问题的能力。

学校在借助企事业单位及社会各类实践资源建立实践教学基地时，应当坚持优势互补、资源共享、合作共建、互惠双赢的原则，把实践教学与服务社会结合起来。同时，企事业单位亦应增强社会责任感，努力构建科学合理的管理机制，以开放、热情的姿态接纳大学生参与到企事业实践活动中来，为大学生提供更多"受教育、长才干、做贡献"的平台。各个高校之间也要实现资源共享，可组织学生互到对方的实践教学基地开展活动，既开阔了实践教学的领域，又节约了实践教学的经费。此外，实践教学基地建设应根据思想政治理论课教学改革的不断深化和经济社会生活的发展变化而调整、扩充和完善。

（三）资源的挖掘和利用

思想政治理论课实践教学资源，主要是指在进行实践教学过程中，能够促进学生将所学知识、理论与实践活动有机结合，影响和改变学生的认知结构或推进学生认知结构发生变化的一系列支持条件的总和。实践教学必须以丰富的实践教学资源作为基础。因此，教学资源的开发利用直接影响到实践教学的效果。

思想政治理论课实践教学资源的类型是多种多样的。从时间角度看，既可以结合传统节庆日、重大历史事件纪念日开展特色鲜明、吸引力强的主题实践教学活动，也可以利用寒暑假组织学生走出校门进行社会调查、参观考察和志愿服务。从空间角度看，既有校内资源，又有校外资源。校内不仅拥有图书馆、校史馆、电教馆、网络中心等提供的各种文本、影像资源，还有演讲、辩论、知识竞赛、文艺演出、专题讲座、社团活动等丰富多彩的校园文化活动；校外资源既包括革命遗址、文化遗迹和各类博物馆、纪念馆、展览馆等历史文化资源，也包括厂矿、农村、改革开放前沿地区、经济发展欠发达地区等现实资源。思想政治理论课实践教学资源的挖掘和利用，就是要合理整合校内资源、积极发掘校外资源、科学利用时间资源、善于开发网络资源。只有这样，思想政治理论课实践教学才能内容丰富、形式多样和有效开展。

第四节　思想政治理论课实践教学的创新发展

高校思想政治理论课是对大学生进行马克思主义理论教育的主渠道和主阵地，而实践教学是思想政治理论课教学的一个重要环节。面对时代向思想政治理论课实践教学提出的新挑战，不断改进创新当前实践教学模式成为新时代思想政治理论课实践教学的发展方向。本着遵循现代教育教学规律，坚持以人为本的理念，充分发挥教师的主导作用和凸显学生的学习主体地位。基于这样的思路，应该创新实践教学新模式。

一、思想政治理论课实践教学的创新环境

（一）网络实践教学

信息技术的快速发展，给高校思想政治理论课提供了长效平台。当前，学生与网络的关系日益密切，网络影响了新一代大学生的日常学习与生活。思想政治理论课教师可以充分发挥网络媒体给思想政治理论课教学带来的优势和便利，如可以在微信和QQ等网络平台上与学生进行互动，展开实践教学，发布实践任务；学生可以针对社会热点在平台上展开讨论；学生可以根据思想政治理论课学习任务，录制情景剧微视频，还可将自己的实践作品投放到平台进行展示，这样可以充分发挥学生的自主性与创新性。思想政治理论课教师也可以通过网络平台上传一些教育视频，丰富教学内容，学生也可以对其进行微评论，活跃思维。

（二）校内实践教学

校园是思想政治理论课实践教学的重要平台，因此，思想政治理论课教师可以结合校园文化开展。校园文化是学校所具有的特定的精神环境和文化气氛，是学校可持续发展的内在动力。不同的高校拥有不同的校园精神和校园故事，校园文化对学生的人生观和价值观有着潜移默化的作用，是一种无形的，具有很强的引导功能的教学资源。依托校园文化开展的实践活动可以有很多，比如，校园文化的一些活动与实践教学的目标都是相同的，相关部门的活动中就可以融入思想政治教育元素；还可以与专业紧密结合，将课程思想政治和专业思想政治教育相结合，将目标责任变为责任目标；在一些中华民族传统节日和纪念日里，可以开展相关主题的活动体验，加强学生对中华民族传统文化的认同，增强文化自信。

对于一些重大的历史事件节点，例如改革开放、五四运动、中华人民共和国成立、中国共产党成立等开展对学生的爱国主义教育、理想信念教育；可以参观校史馆，瞻仰母校光辉历程，了解校情校史，激发学生的自豪感、荣誉感、责任感；开展师德师风故事教育，学习一代代教育工作者所积淀下的精神内涵；以榜样教育为依托，可以让有优秀事迹的学生以亲身的社会实践经历做报告，为广大学生树立学习榜样，引导学生奋发向上，团结友爱，做新时代的合格大学生。实践教学的时间和场所是不固定的，而是通过一些具体的实践活动达到润物细无声的教学效果。

（三）校外实践教学

思想政治理论课是不能脱离社会的，思想政治理论课堂要延伸至社会中，因此，高校要积极与企事业单位、城市社区、乡镇农村、红色教育基地等联系，建立相对稳固的校外实践教学基地。具体实践教学比如开展暑期"三下乡"活动，开展社会调查和实践活动，增强对社会问题的思考与关注，引导学生深入社会、了解社会、服务社会；组织大学生到烈士陵园、革命纪念馆、博物馆等爱国主义教育基地进行参观，使学生深刻了解党史、国史并领会中华民族伟大复兴的英勇奋斗史和艰苦探索史，培育并深化大学生的爱国主义情感，弘扬民族精神；组织大学生志愿者到社区、街道、农村开展理论政策和党史故事宣讲，让同学们在社会实践中受教育、长才干、做贡献，培养大学生服务社会的奉献精神和责任担当的优秀品质。

二、VR 技术在思想政治理论课实践教学改革中的应用

VR 技术主要是以计算机互联网为核心，运用仿真、传感、立体显示等多种高科技发展的技术成果，模拟构建出虚拟的三维空间世界，使体验者佩戴相关的VR 专用设备就能产生犹如身临其境的逼真感觉和现场体验。"将虚拟现实技术引入高校思想政治理论课的实践教学能有效解决当前大多高校思想政治理论课实践教学中面临的现实制约，大大提高高校思想政治理论课实践教学的承载力，并为高校思想政治理论课带来全新的教学理念和教学变革。"①

（一）VR 技术的特征

VR 技术属于一项综合性较强的高科技信息技术，其特征如下：

第一，感知性。VR 技术主要由视觉、听觉和嗅觉等多种感官装置共同组合而成，让使用者在应用这项技术时获得相当真实的体验。

第二，交互性。交互性是 VR 技术在应用过程中最显著的一个特征，使用者在创造的虚拟环境中充分利用键盘、鼠标、头盔、特殊手套等物品进行操作，真实感知物品的重量，在物体移动的过程中真正实现相互感知并做出相应行为的目标。

第三，沉浸感。通过让使用者在虚拟的环境中进行真实的体验，促进使用者在虚拟的环境中进行互动。

第四，想象性。让使用者在创设的虚拟环境中充分发挥想象力，再根据想象的场景自主进行思考。

（二）VR 技术嵌入思想政治课实践教学的意义

1. 利用科技发展的新赋能

今天的世界已然进入了智能媒体时代。大数据、区块链、人工智能、5G、

---

① 董金权，甘琴. VR 技术在高校思想政治理论课实践教学中的应用模式［J］. 通化师范学院学报，2011，32（05）：106.

VR 等新科技快速发展，人类的生活也正在被这些技术改变和影响着。几乎每个人都是信息化数字化社会里的一分子，人们的工作、学习与生活愈加依赖于它。思想政治理论课是由国家确定的体现统治阶级意识形态要求的国家课程，是落实立德树人根本任务的关键课程。传统的思想政治教育及其实践模式曾经发挥了巨大的作用，但在今天也面临着前所未有的挑战。与时俱进，充分利用科技发展赋能思想政治课实践新模式，已经成为许多高校的积极探索。相对来说，VR 技术嵌入思想政治课实践环节，既能展现科技新时尚的教育魅力，又能增强实践教育的时代性、多元性、开放性和趣味性。

2. 创新思想政治课教学的方式

以往思想政治课开展的教学实践，大多是采取参观和社会实践的方式，常常因为组织、经费、安全等相关的问题，受到诸多的限制。同时，当今思想政治课的教学对象已经是 00 后的青年人，他们成长于 21 世纪，生活环境和社会发展赋予他们独特的时代特征与秉性标签，这也迫切需要创新实践教育方式，以契合他们的心理需求和接受特点。突破路径，创新实践环节的新方式，一直是高校思想政治教育教学的不断追求。将 VR 虚拟现实的技术和功能，嵌入思想政治课实践环节，打造一种新型的教育平台和方式，不仅能克服传统实践方式的弊端和不足，达到摆脱时空限制、节约成本、便于组织、安全便捷的目的，更重要的是它通过视频、音频等多元化的手段传递信息，线上线下有效融合，让思想政治课的理论以更加灵活、高效、生动的形式传播出去，可以让学生产生身临其境的沉浸式体验，达到传播内容更震撼、感受者更专注、印象更深刻、教育效果更显著的目的。

3. 提升思想政治教育的实效性

高校思想政治理论课是德育课程，与智育课程不同，它除了提供知识以外更强调价值教育。知识是载体，价值是目标。价值观的教育不能局限于"理论灌输""文本教育"，需要用心用力用情，需要让它们"活"起来，变成可以观看的鲜活形象，由眼入脑，最终才能更深刻地烙印在受众的心上。VR 技术是一种视觉媒介，以视觉符号直接诉诸人的感官，直击人的内心，使受众能感同身受、激发出情感的共鸣与共情。把 VR 技术嵌入思想政治课教学实践，把思想政治理论教学的内容以更加具有时代特质的形式传播给学生，润物无声，才能收到"不言之教胜于教"的效果。VR 技术引入实践的互动过程，既增强了思想政治课实践环节的吸引力，满足青年人的参与感，也能够引发他们强烈的情理触动，在潜移默化中强化大学生对主流价值观的认同与践行，提升了思想政治教育的实际效果。

（三）VR 技术在思想政治课教学中的实践应用

1. 利用虚拟场景导入思想政治课教学

在思想政治课教学中，课前导入是一个容易被忽视的环节，部分教师在进行教学的时候，往往直接切入主题，而此时学生的注意力尚未集中，兴趣也没有调动起来，这样就会影响到教学效果。所以，在这样的情况下，可以通过虚拟现实技术创设虚拟教学场景，在课前进行导入，让学生先对这个场景进行分析讨论，然后教师再顺势切入正式课程的教学。这样一来，思想政治课教学就有了一个有效的导入环节，学生的注意力与学习兴趣都被提高了，这为后续课堂教学活动的开展打下了良好的基础。比如，在继承爱国传统、弘扬民族精神的相关教学中，教师就可以准备一个虚拟的现实场景，在其中设置爱国故事，然后让学生在课堂上分析这个场景中爱国精神的具体体现，并且思考如果自己是故事中的人物，那么自己会如何选择。借助这样的虚拟场景进行课前导入，为整堂课的教学做好了铺垫。

2. 通过虚拟情境呈现知识内涵

虚拟现实技术可以使理论知识实现可视化，然而从教学需求来讲，理论知识的表面含义其实容易理解，难点在于如何领会这些理论知识所包含的深层次意义。在课堂中，很难通过简单的语言向学生呈现理论知识的内涵，因此就可以借助虚拟情境对相关思想政治知识的内涵进行深入挖掘，让学生可以深入地认知和掌握。具体来说，在思想政治课堂教学中，教师先对课本上的理论知识做出讲解，让学生形成基本的概念认知。然后，再通过虚拟现实技术创设对应的虚拟场景，通过场景来反映相关理论知识的内涵，让学生沉浸到虚拟场景中，通过其中的人物、事件与过程，深刻体会所表现出来的含义，以此反思对应的理论知识，从而实现有效理解掌握。

3. 建立虚拟实践场景深化教学

虚拟现实技术可以基于现实生活构建开放性的虚拟场景，让人沉浸到这一场景中，扮演具体的角色解决某些预设的问题。在思想政治课教学中，就可以构建实践性的虚拟场景，给学生安排一些可以自主选择的角色，让学生沉浸到场景中开展实践。虚拟场景，可以让学生在其中自主进行思考，并且在实践过程中，对爱国精神实现更深层次的体会领悟。

4. 利用虚拟场景加强教学互动

高校思想政治课不能忽视互动教学。而传统课堂要想有效互动是比较难的，因为课堂上学生人数较多，教师很难把握互动。所以，可以通过虚拟现实技术构建虚拟场景，让学生同步接入场景中。比如，在教学诉讼相关法律知识的时候，就可以创设一个虚拟诉讼场景，然后将这个场景与手机微信对接起来，让学生通过微信功能接入虚拟诉讼场景之中，每个学生分配不同的角色，设定一个具体目标，同步参与这个诉讼场景，并利用自身所学知识，围绕设定的具体目标，与其他学生彼此交互，完成诉讼。教师还可以代入法官的角色，与学生一起互动，提高思想政治课教学的有效性。

总之，虚拟现实技术对高校思想政治课教学能够起到积极的推动作用，在具体实践中，可以从教学导入、辅助讲解、实践教学及加强互动等方面切入，将虚拟现实技术与思想政治课充分结合起来，推动高校思想政治课教学信息化建设。

（四）基于 VR 技术的思想政治理论课教学策略

通过将 VR 技术与高校思想政治理论课实践教学进行整合，对优化思想政治理论课实践教学效率具有重要的意义。因此，在高校思想政治理论课实践教学中渗透 VR 技术，可采取多元化的形式，全面优化思想政治理论课实践课堂教学过程，全面提高高校学生的思想素养。

1. 搭建精品教学平台

通过将 VR 技术合理地应用到高校思想政治理论课实践课堂的教学过程中，可充分凸显 VR 技术的优势，构建良好的实践教学平台，从而为最大限度提升实践教学的实效性创造良好的条件。

（1）学校应该根据实际情况适当加强 VR 技术智慧教室的建设，合理增加 VR 技术的资金投入。通过充分利用 VR 技术打造良好的虚拟实验平台和移动互联网设备，逐步打造全方位、立体化和交互式的 VR 技术引擎空间，为 VR 技术在高校思想政治理论课实践课堂教学的应用创造良好的物质条件。

（2）将高校思想政治理论课实践课堂教学的实际情况与 VR 技术结合起来，打造具有特色的教学平台。例如，通过在 VR 技术教学过程中使用微信 app，积极探究微信推送形式，这样便能够将更多实际生活中真实的场景直观地呈现到学生面前，让学生真正认可课堂的教学内容。又如，利用 VR 技术设备将一些具有重要教育价值的红色资源、历史古迹制作成动态化的视频或三维立体图片，为学生创设虚拟的场景，让学生有更真实的体验，从而拓宽学生的知识面，为打造高效的思想政治理论课实践课堂创造良好的条件。

（3）优化思想政治理论课实践课程设置。改变以往以理论内容为主的教学形式，巧妙地将 VR 技术与思想政治理论课实践课堂教学进行整合，促使学生主动投入课堂的教学过程中，切实增强高校学生的应用能力，从而有效提升高校思想政治理论课实践课堂的教学实效性。

2. 优化教师资源配置

VR 技术是一种新型的信息技术。通过将 VR 技术合理地应用到高校思想政治理论课实践课堂的教学过程中，全面拓宽 VR 技术的实施路径，可丰富课堂的教学内容，从而有效提升课堂的教学实效性。但是，当前 VR 技术在高校教育过程中的应用尚处于起步阶段，VR 技术应用的水平还不高，需要通过创新 VR 技术的运行方式来辅助高校思想政治理论课实践课堂教学。

（1）教师应该根据实际条件提供素材并请专业公司帮助开发虚拟 app，而这种 app 就是 VR 技术与教学内容深入融合的重要条件，涉及的内容较多，信息呈现的方式较多。可以将时政热点、历史课堂、红色资源等影音资料实时在课堂中与学生进行分享，有效节约教学的人力物力资源，让资源配置更加优化。

（2）通过构建完善的跨学校、跨地区的 VR 技术交流体系，利用 VR 技术辅助高校思想政治理论课实践课堂教学。充分借助高校内部的各种力量，将 VR 技术逐步延伸到高校日常的教学过程中，促进高校教育资源共享。例如，部分地区的红色资源非常丰富，高校可以充分利用 VR 技术制作红色英雄事迹电影或精美的图集，让教师充分利用交流体系进行 VR 技术成果交流，让不同地区、不同学校共享 VR 技术在思想政治理论课实践课堂中的应用，从而提高 VR 技术在高校思想政治理论课实践教育中的应用效率。

（3）充实高校思想政治理论课实践教学的内容。由于 VR 技术具有高速性、低延时性、稳定性的特点，将 VR 技术合理地应用到高校思想政治理论课实践课堂的教学过程中，紧密结合思想政治理论课实践教学的内容，可为学生提供形象生动、直观性较强和色彩饱满的影音视频、资料，让师生更加快速地理解思想政治理论课实践教学的内容，从而克服以往教学设备单一、内容枯燥的缺点，让整个高校思想政治理论课实践课堂的教学内容变得更加充实，全面提升高校思想政治理论课实践课堂的教学质量。

3. 增强学生学习趣味

在高校思想政治理论课实践课堂的教学过程中应用 VR 技术的主要目的，就是将学生学习思想政治理论课内容的兴趣充分调动起来，改变以往学生被动学习的状态，促使学生主动投入高校思想政治理论课实践课堂的教学过程中。

（1）在高校思想政治理论课实践课堂教学之前，教师应先向学生讲解，再将 VR 技术引入，让学生对 VR 技术有所了解。教师可尽量说明 VR 技术在思想政治理论课实践课堂中应用的优点，切实增强学生对 VR 技术的认可度。

（2）创新高校思想政治理论课实践教学形式，可紧密结合教学内容营造良好的教学情境，充分调动学生学习思想政治理论课的兴趣，加深学生对课程内容的认知与理解。例如。在"思想道德修养与法律基础"这节内容的教学过程中，讲解关于"爱国主义"这个主题时，教师可以通过 VR 技术将一些爱国主义事件和爱国行为直观地呈现给学生，让学生对爱国主义的本质内涵有更深入的了解，充分凸显思想政治理论课实践教学的功能，促使学生逐步形成正确的世界观、人生观和价值观。

（3）创新课后实践教学作业。可指导学生利用 VR 技术完成相关的作业，并让学生利用 app 平台交流实践的收获，促进高校思想政治理论课实践课堂的教学实效性得到最大限度的提升。

4. 推动 VR 技术融合常态化

（1）加强思想政治理论课实践课堂与 VR 技术融合的组织领导力度。将高校思想政治理论课实践课堂教学与 VR 技术融合起来，是一项系统性的工程，需要加强组织领导，积极构建高效联动的组织领导体系，优化 VR 技术渗透教学的实践布局，做好高校思想政治理论课实践课程教学的顶层设计，有效推动学校的宣传部、教务处和学生处等各个职能部门与高校思想政治理论课实践课程教学的教师协调配合，将各个部门的职责压紧压实，通过将各方的力量结合起来协同发力，有效推动高校思想政治理论课实践课堂教育发展。其中，教师须承担起高校思想政治理论课实践教学与 VR 技术深度融合的重要责任，统筹做好各项工作，以此促进高校思想政治理论课实践教学过程有序进行。

（2）制定精细化的评估制度。在高校思想政治理论课实践课堂教学过程中应用 VR 技术时，需要紧密结合思想政治理论课实践课堂的教学目标制订具有针对性的评估方案，统筹做到"四个结合"，即采取定性评价与定量评价相结合、知识评价与价值评价相结合、结果评价与过程评价相结合、当下评价与未来评价相结合的形式。通过保证评估制度的科学性与合理性，充分利用评估的结果推动高校思想政治理论课实践教育的发展。

（3）制定完善的激励制度。为了让高校思想政治理论课实践课堂教学应用 VR 技术真正实现常态化的目标，就要紧密结合实际情况制定完善的激励制度，将 VR 技术在高校思想政治理论课实践课堂教学中的应用成果作为教师职称评定、职级晋升和评奖评优的重要指标，对高校思想政治理论课实践课堂教学中应用 VR 技术教学效率较高的教师给予一定的物质和精神奖励，督促教师优化高校思想政治理论课实践应用 VR 技术的途径，将 VR 技术的作用全面凸显出来，进一步提升高校思想政治理论课实践课堂的教学实效性。

三、加强思想政治理论课实践教学改革创新的思考

（一）提升对思想政治理论课实践教学改革的认识

思想是行动的先导，认识是行动的动力，思想政治理论课实践教学改革能否有效深化进行，取决于高校、思想政治教师、学生及社会能否统一"实践育人"的教育理念，正确树立起对思想政治理论课实践教学的认识，这是提高思想政治理论课实践教学实效性的首要条件。

1. 提升思想政治教师对思想政治理论课实践教学的认识

思想政治理论课教师是理论课实践教学的主体，是实施者。但部分思想政治理论课教师不是非常清楚自己在思想政治理论课实践教学中的地位和作用。事实上，思想政治理论课教师对思想政治理论课实践教学的认识，是影响学生对思想政治理论课实践教学活动的积极性及教学效果的主要因素。因此，要改革，就要提高教师对思想政治理论课实践教学改革的思想认识。

提高思想政治理论课教师对实践教学改革的认识，不仅需要对思想政治理论课实践教学的深远意义有清晰的认识，还要对思想政治理论课实践教学本身有深入的认识。思想政治理论课教师在头脑中必须对实践教学对大学生及社会将要产生的深远意义有深刻认识，这是实践教学的主要前提；思想政治理论课教师必须对实践教学本身有明确的认识，即对什么是思想政治理论课教学范畴的实践教学有清晰的认识。只有真正搞清楚了思想政治理论课教学范畴的实践教学，才能真正丰富思想政治理论课实践教学的形式，才能真正区分思想政治理论课实践教学活动和一般意义的大学生实践活动。

2. 提高大学生对思想政治理论课实践教学的认识

在一切教学过程中，学生对于理论知识的掌握都需要在反复的实践中获得，离开实践的认识是不可能的。学生客观地认识到思想政治理论课实践教学的重要性，有利于让学生将所学的理论转换为自身可以解决问题的工具，转变为创新思维和实践能力，有效地提高思想政治理论课教学的实效性。大学生作为被教育者或是作为实践教学的被实施者，能够主动进行课前准备工作，过程当中能积极地参加，课后对实践教学进行评价。准备、进行和结束反馈形成闭环，激发大学生对实践教学的积极主动性，变被动为主动内驱这一点尤为关键。

3. 提升高校对思想政治理论课实践教学的认识

提升高校对思想政治理论课实践教学的认识，立德树人，加强思想政治理论课作用是党中央一直以来坚持的办学方向，也是高校义不容辞的责任，更是保证思想政治理论课实践教学活动的各个环节顺利进行的前提。提升高校对思想政治理论课实践教学的认识，主要从以下五方面着手：

（1）加强学校领导对思想政治理论课实践教学的理论学习，对思想政治理论课实践教学的内容、形式、意义、管理等方面有基本的了解。

（2）及时下发实施思想政治理论课实践教学方面的文件。

（3）成立专门负责思想政治理论课实践教学的领导小组，专门对思想政治理论课实践教学的各项活动进行宏观规划和统筹协调。

（4）加强对思想政治理论课实践教学队伍的建设，保证思想政治理论课实践教学有足够数量的高素质教师。

（5）保障思想政治理论课实践教学有足够的课时、稳定的经费和基地。

（二）加强思想政治理论课实践教学的管理

1. 建立思想政治理论课实践教学制度

完备的思想政治理论课实践教学的相关规章制度是使其规范化、长效化地进行下去的前提条件，既要从大方向上规定思想政治理论课实践教学的实施意见、组织机构、经费投入等方面的制度内容，还须从细节上确立其具体的实施程序和教学大纲等方面的制度内容。思想政治理论课实践教学的规章制度建设是一个重要方面，只有严格要求相关人员执行和落实思想政治理论课实践教学的规章制度，才能形成齐抓共管的局面，使思想政治理论课实践教学走向正规化、制度化。

2. 建立学校各部门协调合作的管理

高校思想政治理论课实践教学是一项涉及面极广的教学活动，需要思想政治理论课各教研室之间协调合作，同时也需要学校各部门的支持和通力合作，只有这样思想政治理论课实践教学才能得以顺利开展和保证实效。

（1）加强学院各学科教研室之间的联系。实践教学虽然内容丰富，但如果不统一协调制订计划，难免会出现时间重叠、内容重复等问题，所以各学科应在学院总体制订的计划中进行，避免造成时间和财力上的浪费，设备等问题也应提前预约报备，教师按照具体的计划执行。

（2）加强与学校其他部门的紧密联系。将校团委、学生处、宣传部等其他部门开展的大学生实践活动积极纳入思想政治理论课实践教学活动中去，构建大思政实践课格局，将思想政治理论课实践教学与学校其他社会实践相结合，取长补短，优势互补。学校统筹安排，既能解决实践活动多而不精的问题，又能构建新的思想政治理论课格局。

3. 建立思想政治理论课实践教学评价方法

目前，思想政治理论课实践教学的评价体系还不完善，应对思想政治理论课实践教学评价难的问题，需要确立实践教学评价的原则，进而提出一系列具体的实践教学评价方法。

（1）确立思想政治理论课实践教学评价的基本原则。思想政治理论课实践教学是理论联系实际的教学活动过程，对其进行评价时，须将所学知识、运用能力、情感态度价值观三者结合起来，这样才能相对客观地综合评价。鉴于思想政治理论课实践教学因果关系的不确定性，对其评价必须遵循过程评价和结果评价相结合的原则。

（2）制定合理的思想政治理论课实践教学的评价方法。科学的实践教学评价方法要贯穿实践教学活动过程中，体现对学生主体的全面性考察。包括学生可以积极参与的讨论评价法，学生在实践教学课程中对待活动的态度和团队精神的操行评价法，让学生针对实际课程所采用的调查报告评价法等，全方位进行评价。

（三）加强思想政治理论课实践教学队伍的建设

思想政治理论课实践教学的主动教育者是思想政治理论课教师。思想政治理论课教师的综合素质、实践教学能力，直接影响到教学效果的好坏。思想政治理论课实践教学自身的复杂性，决定了仅靠思想政治理论课教师的个人力量无法顺利完成思想政治理论课实践教学任务。因此，要提高思想政治理论课实践教学的实效性，就必须打造一支指导实践教学活动能力突出、运行模式全方位、实践业务能力强的教师队伍。

1. 提升教师必要的物质待遇条件

打造一支高素质的思想政治理论课教师队伍，需要以必要的物质待遇条件作为前提，提高他们在组织教学、指导实践教学活动过程中的积极性，这是加强思想政治理论课实践教学队伍建设的基础。具体说来，这些物质待遇条件主要包括职称保证和政策倾斜两方面。

（1）学校注重对思想政治理论课教师进行职称评定。让思想政治理论课教师不仅在精神上有使命感，在职称评定和物质奖励上也有相应照顾。学校应合理地针对一些表现突出的思想政治理论课教师给予适当的物质奖励，增强教师指导思想政治理论课实践教学的动力。

（2）学校要创建稳定的政策条件，避免现有的高素质思想政治理论课教师流失，并积极引进高层次、高素质的思想政治理论课教师。在此基础上，还须聘请专业的人员或是思想政治方面的领导干部等为其进行相关指导和辅助，适当地给予相关实习基地人员补助，从而保证实践教学活动的顺利进行。

2. 提升教师业务能力

高校思想政治理论课实践教学是一项综合性、实践性都很强的教学活动，思想政治理论课教师与其他学科的教师相比而言，需要具备更宽的知识面、更深的专业知识和与时俱进的学习能力。所以，必须加强对教师的培养力度，强化业务能力和专业素质，打造一支业务能力突出的高校思想政治理论课实践教学队伍。支持并鼓励思想政治理论课教师脱产进修、攻读学位，以最新的理论成果充实教师头脑。同时，教师之间相互听课，共同研究，可以有效提高思想政治理论课实践教学效果，互相学习各自在实践教学过程中采用的方式方法。加强专业资料建设，校图书馆和各学院资料室应购置思想政治理论课教学和科研所需的各类期刊和图书资料，便于教师掌握思想政治理论课实践教学方面最新的研究成果，方便教师用最新的研究成果开展各自的教学研究活动。

3. 建设多元化教师队伍

思想政治理论课实践教学涉及课内实践教学和课外实践教学两种类型，实施课外实践教学的难度更高，需要学校相关部门的通力合作与支持，才能保证思想政治理论课实践教学的顺利进行。因此，加强思想政治理论课实践教学队伍建设的关键，就是要打造一支立体式的思想政治理论课实践教学队伍。

高校应建立一支以思想政治理论课教师为主体，以思想政治理论课实践教学专职教师为骨干，由辅导员、专业课教师及学生处、教务处、校团委的工作人员共同构成的稳定而立体的思想政治理论课实践教学队伍，这是实践教学得以顺利开展的关键。

（四）建立思想政治理论课实践教学的长效保障机制

高校思想政治理论课实践教学要取得真正实效，就必须在思想政治理论课实践教学的课时保障、经费保障、基地建设保障三方面下功夫，保证思想政治理论课实践教学能够顺利、可持续地发展。

1. **教学课时保障**

思想政治理论课实践教学的课时保障，是思想政治理论课实践教学得以顺利进行的必要条件，也是保证思想政治理论课实践教学不流于形式的有效措施。

（1）明确规定思想政治理论课实践教学应占总课时数的比例。不是所有的思想政治理论课实践教学活动都能在课堂时间内完成，如思想政治理论课校园实践教学活动和校外实践教学活动。因此，各高校要依据自身的实际情况，把思想政治理论课实践教学正式纳入教学计划，规定思想政治理论课的基本课时，确定思想政治理论课课外实践教学所占比例。究竟应占总课时比例的多少才比较合适，还要根据各个高校自身的实际制定，在今后的实践教学中不断总结经验再加以完善。

（2）通过不同的时间段开展思想政治理论课实践教学。这是考虑到参与思想政治理论课实践教学活动的学生众多，加之指导思想政治理论课实践教学活动的教师相对有限，接受单位的接待能力也有限，无法在同一时段内安排全体学生参与其中。所以在时间安排上，建议采取以下做法：

第一，利用十一长假期间，安排部分学生进行参观访问和社会调查等活动。

第二，在每一门课程的理论教学结束时或每逢重大节日或纪念日前后，各学院集中安排全体学生，在校园进行知识竞赛活动或经典读书活动等。

第三，针对一些有条件的学校，可在9月开学前的两周时间，将大量的思想政治理论课校外实践教学活动安排在这个时间段进行。

第四，充分利用寒暑假时间，把学校相关部门组织的带有强烈思想政治教育目的性的活动纳入思想政治理论课实践教学，如"三下乡"活动、青年志愿者服务活动等。

2. **经费支持保障**

经费支持保障是思想政治理论课实践教学能够顺利进行的基本条件。为此，必须针对思想政治理论课实践教学出现经费短缺的原因，提出建立经费支持保障机制的具体对策。

（1）对思想政治理论课实践教学的经费投入要加大力度。教育部要求各高校应按照在校生总数每生每年不低于 30 元的标准设立网络思想政治工作专项经费，应按照在校生总数每生每年不低于 20 元的标准设立思想政治工作和党务工作队伍建设专项经费。在各高校的具体实施中，情况略有不同，根据调查，部分高校给予了经费支持，并设立专项经费，部分高校并没按照文件执行。教育部应进一步督促各高校严格执行文件，积极推进文件落实，确保思想政治教育理论课相关工作得以顺利开展。

（2）可以多渠道进行经费筹措。思想政治理论课实践教学经费可以通过多种方法筹措费，通过产学研相结合和地方企业合作等办法筹集基金。加强学校与社会的合作，学校可以利用资源促进当地经济发展，地方也为学校的思想政治理论课实践教学提供经费保障。

3. 基地建设保障

建立起稳定、持久的思想政治理论课实践教学基地，是实现思想政治理论课实践教学长效发展的关键。应对这一问题，需要从思想政治理论课实践教学基地的整体规划和资源共享两方面着手进行。

（1）对思想政治理论课实践教学基地建设根据实际情况要进行合理布局和建设。各高校可以结合不同课程的特点深入企事业单位中，与其合作建立专门的实习实践基地。

（2）实现思想政治理论课实践教学基地建设的资源共享。

第一，高校和有关单位共同投资建设实践教学基地，进而丰富思想政治理论课实践教学基地建设的内容。

第二，构建思想政治理论课实践教学基地资源的信息共享体系。各高校，尤其在地理位置上相邻较近或同城的高校，尽可能实现优势互补，建立横向联系，依靠互联网建立起较为完备的资源信息系统，实现基地资源的信息共享。

参考文献

[1] 边和平，刘薇. 高校思想政治理论课教学课程论［M］. 徐州：中国矿业大学出版社，2019.

[2] 马光焱，王晓光. 新时代高校思想政治理论课改革与创新研究［M］. 长春：吉林大学出版社有限责任公司，2022.

[3] 熊雯，周全胜. 高校思想政治理论课教学的三重矛盾及其解决路径［J］. 科教文汇（中旬刊），2017（20）：17.

[4] 任少伟. 高校思想政治理论课教学测评指标体系研究［D］. 马鞍山：安徽工业大学，2013：5.

[5] 蒲海燕. 高校思想政治理论课实践教学路径研究［J］. 时代报告，2023（10）：137.

[6] 董金权，甘琴. VR技术在高校思想政治理论课实践教学中的应用模式［J］. 通化师范学院学报，2011，32（05）：106.

[7] 佘双好，王珺颖. 新时代思想政治理论课建设的新举措与新变化［J］. 思想理论教育，2020（5）：12-17.

[8] 方雷，刘蕊. 新时代思想政治理论课建设创新的三个特性［J］. 思想理论教育导刊，2019（3）：89-92.

[9] 石红梅，杜辉. 习近平关于实现中华民族伟大复兴的中国梦论述融入高校思政课教学的思考［J］. 福建教育，2023（48）：28.

[10] 翟柯欣. 新时代高校思想政治理论课实践教学研究［D］. 西安：西安理工大学，2023：1.

[11] 李瑞君. 论新时代学校思想政治理论课教学改革的价值向度［J］. 学校党建与思想教育，2022（23）：46.

[12] 王少奎，张亚锋，王兰，等. 慕课在高等院校本科教学中的应用概况与思考［J］. 高教学刊，2024，10（07）：37.

［13］凌霞. 新时代思政课建设研究［M］. 北京：九州出版社，2020.

［14］焦悦悦. "微课"在高校思想政治理论课教学中的应用研究［D］. 青岛：中国石油大学（华东），2017.

［15］魏有兴，臧雪源，李前进. 习近平青年思想政治教育思想的研究现状及趋势探讨［J］. 河海大学学报（哲学社会科学版），2016，18（06）.

［16］徐思源. 习近平关于新时代高校思想政治理论课的重要论述研究［D］. 武汉：武汉轻工大学，2023.

［17］代艳. 用学术讲政治讲好高校思想政治理论课［J］. 产业与科技论坛，2023，22（6）：115-116.

［18］李琰. 思想政治理论课有效接受路径探析［J］. 黑龙江教育，2023（7）：17-19.

［19］蔡欢，杨业华. 高校思想政治理论课人际环境优化［J］. 中南民族大学学报（人文社会科学版），2023，43（10）：167-173.

［20］肖潇. 思想政治理论课教学评价的价值取向［J］. 湖北第二师范学院学报，2023，40（1）：1-6.

［21］戴安. 思想政治理论课接受心理矛盾与对策［J］. 大学教育，2023（13）：87-89.

［22］黄宇欢，张永刚. 思想政治理论课把道理讲好的四重基点［J］. 广东教育，2023（24）：59-63，68.

［23］于歆杰. 以学生为中心的教与学——利用慕课资源实施翻转课堂的实践［M］. 北京：高等教育出版社，2015.

［24］康树元，秦光银，高再秋. 高校思想政治理论课教学策略探微［M］. 天津：天津大学出版社，2017.

［25］张文. 基于"问题导向"的高校思想政治理论课教学方法探究［J］. 黑龙江教育（理论与实践），2023（02）：1.

［26］刘毅. 深度学习视域下高中思想政治教学方法探究［J］. 华夏教师，2023（10）：90-92.

［27］闫晨. 新媒体环境对高中思想政治教学理念、方法、途径的影响分析［J］. 品位·经典，2022（08）：162-164.

［28］曹军. 新形势下高校思想政治教育理论课教学方法改革研究［J］. 西部素质教育，2017，3（09）：53.

［29］汤志华，廖青清. 新时代高校思想政治理论课实践教学创新研究［J］. 思想理论教育导刊，2019（11）：96-100.

［30］陈曦. 新时代高校思想政治理论课实践教学体系建设研究［J］. 文化创新比较研究，2020，4（2）：179-180.

［31］温泉，刘以沛. 新时代高校思想政治理论课实践教学创新发展论坛综述［J］. 思想教育研究，2019（1）：142-143.

［32］周维功. 新时代高校思想政治理论课实践教学平台构建［J］. 福建广播电视大学学报，2020（1）：5-9.

［33］黄子豪. 在高校思想政治课教学中培养大学生人文精神思路分析［J］. 畅谈，2022（10）：182-184.

［34］王兴. 高校思想政治理论课的历史演进、内容逻辑和改进空间［J］. 廊坊师范学院学报（社会科学版），2021，37（4）：97-103.

［35］郭正红，刘婷. 新时代高校思想政治理论课教学的三个维度［J］. 思想理论教育导刊，2020（4）：115-119.

［36］黄广友，薛明骥. 高校思想政治理论课教师队伍后备人才培养若干问题论析［J］. 思想理论教育，2020（9）：64-70.